WATERLOO

Paris. — Imp. SCHNEIDER, rue d'Erfurth, 1

WATERLOO

DÉPOSITION

SUR LES

QUATRE JOURNÉES DE LA CAMPAGNE DE 1815

PAR

G. ZENOWICZ

ADJUDANT COMMANDANT, ATTACHÉ A L'ÉTAT-MAJOR GÉNÉRAL DE NAPOLÉON,
PORTEUR DES ORDRES AU MARÉCHAL COMTE DE GROUCHY.

L'histoire témoin des temps, messagère de l'antiquité.

CICÉRON.

PARIS
CHEZ LEDOYEN, LIBRAIRE,
PALAIS-ROYAL, 31, GALERIE D'ORLÉANS.

1848

AVANT-PROPOS.

Depuis les événements de Waterloo, j'ai lu sur cette grande et triste époque beaucoup de récits écrits dans des vues bien différentes. Les passions, l'esprit de parti ont dicté la plupart de ces publications qui, loin d'éclaircir les points controversés, sont venues jeter des doutes et de l'obscurité sur les faits les moins contestés. Souvent je me suis vu cité dans ces récits, comme ayant été chargé de porter au maréchal comte de Grouchy l'ordre essentiel *de lier ses communications et de se mettre en rapport direct d'opération avec l'armée principale.*

Je n'ai jamais eu la vanité d'entrer en lice, dans cette question importante, avec les personnes du premier mérite qui l'ont déjà traitée sans pouvoir s'entendre entre elles ; mais j'ai toujours cru que mon devoir était de rendre hommage à la vérité en publiant les faits qui sont à ma connaissance, et auxquels j'ai pris part dans les limites de la position que j'occupais alors.

Dans cette intention, en 1820, étant en Allemagne pendant ma proscription *, je publiai un petit écrit qui a eu un sort assez bizarre : le jour même de sa mise en vente, à Francfort-sur-le Mein, un Anglais voyageur, voyant affiché chez un libraire quelque chose sur Waterloo, se procura d'abord un exemplaire de

* J'avais été condamné à la déportation, le 11 juin 1816, comme rédacteur du *Nain Tricolore*, peine qui fut ensuite commuée en celle du bannissement perpétuel. Je ne suis rentré en France qu'après la révolution de juillet.

ma brochure, puis, après en avoir pris connaissance, il acheta l'édition entière et en fit un *auto-da-fé* public : scandalisé qu'il était qu'on ait osé attribuer le gain de la bataille de Waterloo uniquement à l'intervention accidentelle et imprévue des Prussiens.

A la suite de cet incident angloman, je ne voulus pas faire de seconde édition ; je me contentai des analyses que plusieurs journaux d'Allemagne s'étaient empressés de faire de mon écrit.

Plus tard, étant en Belgique en 1827, je lus l'histoire des campagnes de 1814 et 1815, par le général Guillaume de Vaudoncourt; j'avoue que mon étonnement fut grand en trouvant dans cet ouvrage quelques insinuations injurieuses sur la conduite que j'ai tenue lors de la bataille de Waterloo. J'en fus blessé d'autant plus vivement, que j'avais été lié de bonne amitié avec le général de Vaudoncourt : en 1823, nous trouvant en même temps en Espagne, puis en Angleterre, logeant ensemble, tous deux proscrits, nous eûmes des rapports journaliers d'intimité tels que de bons camarades d'infortune peuvent en avoir, lorsqu'ils s'estiment l'un et l'autre. Nous eûmes souvent l'occasion de parler des événements de Waterloo : le général prit même plusieurs notes de moi sur cette campagne ; car lui-même ne faisait pas partie de l'armée active à cette époque. Je ne pouvais donc pas accuser un ami, un camarade, de mauvaise foi. Cependant, ne sachant à quoi attribuer la malveillance du général de Vaudoncourt à mon égard, j'ai cru qu'il était de mon devoir de réclamer, malgré les difficultés de ma position politique. Le général de Vaudoncourt, ayant été gracié, se trouvait alors à Paris, et moi toujours en exil; je n'avais pas d'autres moyens, pour me défendre, que de publier ma réclamation dans les journaux ; c'est ce que je fis, particulièrement dans le *Courrier des Pays-Bas*, aux dates des 1er et 11 septembre 1827.

Ayant connu, en 1829, la publication du général Gérard : *Quelques documents sur la bataille de Waterloo*; indigné de voir qu'un homme aussi haut placé par ses exploits glorieux, ses talents et son patriotisme, eût besoin de se justifier, je publiai, pour rendre hommage à la vérité et pour témoigner mon admiration et mon estime au général Gérard, ce qui était à ma connaissance sur les événements de 1815. Cette publication fut insérée dans le *Courrier des Pays-Bas* du 9 décembre 1829, et dans le *Journal de la Belgique* du 29 décembre 1829. (Voyez note n° 1.)

Lorsque les trois journées de juillet m'eurent permis de rentrer en France, ma première occupation fut de faire demander une explication au général de Vaudoncourt. Mon ami, le général Duvergier (mort plus tard au service de don Pédro en Portugal), voulut bien se charger de cette démarche.

Après quelques paroles échangées avec mon ami, le général de Vaudoncourt fit venir son manuscrit, qu'il avait vendu à un libraire, et, pièces en main, il prouva que la phrase désobligeante à mon égard ne se trouvait point dans l'original de son ouvrage ; son éditeur seul était coupable : il avait altéré non-seulement ce qui me concernait, mais encore bien d'autres passages. Cela bien constaté, le général de Vaudoncourt s'empressa, non pas de *rétracter*, mais de *désavouer* la phrase qui m'avait offensé, en me donnant une déclaration écrite qu'on lira plus loin.

Ayant ainsi obtenu du général de Vaudoncourt une satisfaction telle que je devais l'espérer d'un loyal camarade, j'ai attendu, pour en faire usage, une occasion favorable, que M. Achille de Vaulabelle vient de me fournir par la publication de son livre intitulé : *Histoire de la chute de l'Empire et des deux Restaurations*. Dans cet ouvrage se trouve le récit de la bataille de Waterloo et une mention de la mission qui m'y fut confiée. M. Achille de Vaulabelle me maltraite moins que l'éditeur du général de Vaudoncourt, cependant son erreur est assez grande pour qu'elle m'autorise à publier, non seulement le désaveu du général de Vaudoncourt, mais en même temps mes propres observations sur la relation de M. de Vaulabelle. Convaincu que les inexactitudes reprochées par moi à l'auteur de l'*Histoire de la chute de l'Empire et des deux Restaurations* ne proviennent que d'un manque de renseignements positifs, je ne doute pas qu'étant mieux instruit, M. Achille de Vaulabelle ne se hâte de reconnaître son erreur, et ne me rende la même justice que le général de Vaudoncourt.

L'ouvrage de M. Achille de Vaulabelle est de la plus haute importance, tant sous le rapport littéraire, que par le patriotisme et le courage qu'y montre l'auteur : on ne doit donc pas être étonné si je tiens si fort à y relever tout ce qui peut porter atteinte à la vérité, pour ce qui me concerne.

Dans l'écrit que je présente aujourd'hui au public, je n'entre pas dans tous les détails matériels de la malheureuse campagne de 1815 ; je me borne seulement à raconter les circonstances indispensables pour fixer la source d'où sont venus nos malheurs.

Cependant les personnes qui veulent approfondir toutes les questions qui se rattachent à la triste époque qui nous occupe en ce moment, trouveront peut-être quelques renseignements propres à fixer leurs incertitudes sur quelques points, encore obscurs, de la fatale catastrophe de 1815; surtout sur ce qui concerne l'ordre envoyé au maréchal comte de Grouchy *de lier ses mouvements avec ceux de Napoléon.*

Je n'ai plus, avant d'entrer en matière, qu'à solliciter, pour ma publication, l'indulgence du lecteur sous le rapport littéraire : dès ma première jeunesse, j'ai plutôt manié le sabre que la plume; mais si l'amour de la gloire, de la liberté et de la patrie suffisent pour faire un bon écrivain, je suis, je crois, dans les conditions requises.

G. Zenowicz.

Paris, 1er mars 1848.

WATERLOO

DÉPOSITION

SUR LES

QUATRE JOURNÉES DE LA CAMPAGNE DE 1815.

COUP D'ŒIL ANTÉRIEUR AUX ÉVÉNEMENTS DE WATERLOO.

Afin de bien comprendre l'ensemble des événements de Waterloo, et surtout pour en connaître les causes morales, il nous faut examiner les grands mouvements politiques qui les ont précédés et amenés ; car, dans le monde politique comme dans le monde moral et matériel, tout se tient, s'enchaîne ; tout a sa source, son développement ainsi que sa fin.

La première campagne d'Italie plaça Napoléon si haut, qu'il ne pouvait avoir ni émules ni rivaux : tout le monde l'admirait, même les ennemis qu'il vainquit ; la France entière était fière des triomphes de ses armes ; des émigrés même louaient, exaltaient le général Bonaparte. L'expédition d'Égypte, malgré sa fatale issue, ne porta aucune atteinte à cette renommée naissante, qui devait envahir le monde ; loin de là, elle sembla y ajouter un de ces prestiges mystérieux dont l'Orient seul a le secret. Le 18 brumaire vint d'ailleurs détourner l'attention publique ; cette révolution si étonnante occupa tous les esprits et ne laissa guère le temps à la critique de s'attaquer aux affaires égyptiennes : le présent glorieux a toujours le privilége d'effacer les désastres du passé. Alors Napoléon avait peu d'ennemis intérieurs ; ce n'étaient pas les quelques républicains, adversaires du gouvernement consulaire, qui pouvaient former une opposition très-redoutable ; les légitimistes étaient encore moins à craindre : les seules difficultés sérieuses que le nouveau gouvernement avait à surmonter n'existaient qu'à l'étranger, ou ne provenaient que des embarras financiers et administratifs ; car, on le sait, alors l'Europe presque entière était en armes contre nous, et la France se trouvait sans finances comme sans administration.

On peut fixer les commencements d'une opposition un peu sérieuse contre le gouvernement de Napoléon à la condamnation du général Moreau. Cet homme si célèbre, admiré par ses talents, ses vertus politiques et privées, comptait beaucoup d'amis, et des amis puissants. Sa condamnation, quoique méritée, froissa un grand nombre de personnes ; dans l'armée même, elle produisit beaucoup de mécontentement ; c'est qu'on ne pouvait croire au crime du général Moreau : le temps seul, en le démontrant, vengea l'Empereur des accusations auxquelles la condamnation de ce général l'avait exposé.

Plus tard, l'exécution du duc d'Enghien vint à son tour augmenter le nombre des mécontents. On s'est généralenent accordé à regarder cette exécution comme impolitique et inutile : le prince de Talleyrand a bien défini cet acte, en disant : « C'est pis qu'un crime, c'est une faute. » Je suis loin, pour mon compte, de vouloir reprocher cette mort à Napoléon, en l'ordonnant, il ne fit qu'user de représailles contre une famille qui, depuis quelque temps, l'environnait d'assassins, et que cet acte de vigueur réduisit à ne plus conspirer le meurtre et l'assassinat ; mais je dois dire que la mort du fils de Condé eut un grand et douloureux retentissement en Europe : chacun sait que cette mort servit de prétexte à l'empereur de Russie pour nouer cette coalition qui vint interrompre les projets de descente en Angleterre, et qui contraignit Napoléon d'aller vaincre à Austerlitz, puis à Eylau et à Friedland.

Après la double condamnation de Moreau et du duc d'Enghien, ce qui développa ensuite beaucoup les germes d'opposition et donna un grand poids aux opposants, fut la rupture de Napoléon avec deux de ses frères. D'abord avec Lucien, homme éminent par ses talents, son grand caractère ; populaire dans toute l'Europe ; ayant des liaisons intimes, en France et dans les autres nations, avec un grand nombre de notabilités. Ensuite avec son frère Louis, qui, devenu roi des Hollandais, qui ne voulaient pas de lui, sut cependant s'en faire aimer et estimer ; ne pouvant régner à la fois conformément aux intérêts de la France et de la

Hollande, il abdiqua : les Hollandais le regrettent encore et conservent pour lui un glorieux souvenir.

Malgré ces divers événements, qui rendaient chaque jour l'opposition plus compacte, événements cependant qu'on ne peut sérieusement reprocher à Napoléon, qui aurait alors osé prédire ruine et désastre, au conquérant de l'Italie et de l'Égypte, au vainqueur d'Austerlitz, Iéna, Friedland, *au restaurateur de la société française?* La puissance aveugle les hommes ; ils se persuadent facilement que le présent est éternel ; heureux, qu'ils le seront toujours.

Puisque j'ai entrepris de jeter un coup d'œil rapide sur les grands événements qui préparèrent Waterloo, je vais parler, quoique en tremblant, de l'année 1812.

La campagne de Russie secoua le prestige attaché au nom de Napoléon : on s'aperçut enfin qu'il était vulnérable. Cette découverte accrut le courage de ses nombreux et implacables ennemis : leur haine, comme leurs espérances, n'eut plus de bornes.

La campagne de 1813, malgré quelques succès à son début, finit d'une manière tragique ; elle ne put changer l'opinion que l'expédition de Russie avait établie sur Napoléon : on pouvait le vaincre par les eléments, le nombre et la trahison.

Si les grandes actions font les grands hommes, l'opinion publique seulement peut leur donner cette force morale si nécessaire, si indispensable dans toutes les entreprises que, sans son aide, le plus grand génie meurt dans l'obscurité ou passe sa vie dans des luttes impuissantes. Napoléon, après ses malheurs en Russie, ne sonda pas assez la cause des difficultés dont il se vit tout à coup environné ; il ne s'aperçut pas qu'il ne fallait pas toujours mépriser les obstacles, et qu'il est bon de se méfier quelquefois de l'habitude de vaincre. Lui qui n'avait pas changé, il ne pouvait croire que l'opinion publique s'était modifiée sur son compte, et qu'un hiver rigoureux lui avait non-seulement détruit son armée, mais encore enlevé cette confiance que les peuples avaient en lui et qui était sa plus grande force.

Me voici arrivé à une époque aussi malheureuse que sublime, à la campagne de 1814. Cette campagne a prouvé au monde ce dont le génie sans limite est capable : les plus grands hommes de l'antiquité n'ont rien fait qu'on puisse comparer à ses combinaisons miraculeuses. Tout y est un sujet d'admiration : les marches et contre-marches calculées géométriquement ne cessaient de dérouter l'ennemi. Avec une poignée d'hommes, Napoléon fit face à un adversaire vingt fois plus nombreux; le combattant toujours, le harcelant sans cesse, commençant le combat sur un point et allant vaincre sur un autre; vainqueur dans un endroit, il volait plus loin arracher une nouvelle victoire, qui, à son tour, présageait d'autres triomphes. L'Empereur prouva alors que le grand don de la nature est la puissance du coup d'œil. Ce coup d'œil d'un homme de génie précède tous les mouvements, et de lui dépendent toutes les combinaisons, le succès de toutes les opérations. La tactique a peu de principes immuables à la guerre; ce n'est qu'en campagne, sur le terrain, que l'homme de génie improvise des principes et des batailles. Ce n'est qu'avec un coup d'œil prompt, pénétrant et sûr que le général en chef d'une armée peut calculer rapidement tous les avantages ou les désavantages d'une position, saisir ou deviner la topographie d'un lieu, et par des marches et contre-marches ordonnées à propos, doubler, tripler ses forces sur un point donné. Plus ce coup d'œil, si nécessaire à un grand homme de guerre, est rapide, plus l'imagination qui le dirige est apte aux grandes et hardies combinaisons, et plus l'homme de génie sera puissant dans les hasards des batailles. Je ne pense pas que sur la terre nous possédions sitôt un second Napoléon.

Un homme pareil, comment aurait-il été vaincu par l'Europe, si la France ne l'avait pas abandonné! si l'armée, comme jadis, avait été composée exclusivement de bons Français! Aujourd'hui, au milieu de l'ouragan général des idées ennemies de l'humanité, qui nous inondent, le monde commence à sentir la perte de Napoléon; plus on vivra, plus on regrettera qu'il n'ait pas accompli toute son œuvre! et nos cendres n'auront pour mausolée que les larmes et les reproches de nos enfants, nous qui n'avons pas su conserver ce grand homme!

Peut-être me suis-je trop étendu dans ces réflexions, peut-être me suis-je trop écarté de mon sujet : que le lecteur veuille bien me pardonner, c'est un vieux soldat, un disciple qui parle de son maître!

Cependant, pour compléter mon idée, je dois encore dire que les deux campagnes les plus sublimes de Napoléon sont : sa première, en Italie, et celle de 1814; tout y est chef-d'œuvre. Je ne veux pas déprécier ses autres campagnes, toutes sont très-remarquables sous tous les rapports; mais pour toutes il avait des moyens matériels pour les exécuter, tandis que, pour la première campagne d'Italie et pour la campagne de France, il n'avait que son génie.

Napoléon voulut terminer la campagne de 1814 par un coup de tonnerre. Il déroba sa marche à l'ennemi, qui, s'imaginant arriver à Paris par des chemins semés de roses, au dire des affidés des Bourbons, n'avait rencontré jusqu'alors que des épines, à chaque pas arrosées abondamment de son sang, et ne se doutait pas du coup terrible que l'Empereur comptait lui porter lorsqu'il l'aurait enfermé entre son armée et Paris. Malheureusement le gouvernement avait été confié à Marie-Louise, femme sans aucune dignité de sa position, Autrichienne plutôt que Française, tenant plus aux intérêts de son père qu'à ceux de son époux, de sa nouvelle patrie. A cette femme sans cœur était adjoint Joseph Bonaparte, qui avait été roi d'Espagne : honnête homme dans toute l'acception du mot, Joseph Bonaparte était au-dessous de la mission que Napoléon lui avait confiée. Le duc de Raguse, qui était à la tête de l'armée chargée de défendre Paris, abandonné à lui-même par le départ précipité de la régente, se trouva dans une fausse position, et fut forcé de signer la capitulation prématurément. Dès ce moment, cet homme, connu jusqu'alors par son patriotisme et ses rares talents, acquit le triste privilége de figurer plus tard comme cause active de tous les malheurs de sa patrie. Napoléon comptait sur Paris : il aurait changé la face des affaires ; il y aurait trouvé des ressources immenses, s'il avait pu y arriver quelques heures plus tôt, ou si cette ville, mieux défendue, avait tenu plus longtemps. Il n'en fut rien, et les dernières et gigantesques manœuvres de l'Empereur pour consommer l'anéantissement des ennemis sous les murs de Paris, échouèrent et précipitèrent sa chute, par la faute, la négligence et la pusillanimité de ceux sur lesquels il avait le droit de compter comme sur lui-même.

En se rendant à l'île d'Elbe, Napoléon ne songeait pas à revenir en France pour soutenir de nouvelles luttes. Ce ne fut que lorsqu'il connut le projet de la sainte alliance de l'enlever de cette île, qu'il dut, pour sa propre sûreté, penser aux moyens d'éviter cette trahison et se rendre aux vœux de la France entière.

Dans plusieurs écrits, on a prétendu qu'il avait existé en France une conspiration bonapartiste pour préparer le retour de l'île d'Elbe. On s'est trompé. Les personnes qui ont eu l'honneur de partager le sort de Napoléon, durant sa première captivité, avaient bien quelquefois des communications avec la France pour leurs affaires particulières ; cela était bien simple, cela se comprend ; mais ce n'était pas conspirer que de donner de ses nouvelles à sa famille et de s'occuper de ses intérêts. La France presque entière, surtout les hommes qui tenaient à la gloire nationale, portait le plus vif intérêt à la position de l'Empereur, mais aucun ne conspirait, on peut en être sûr. Il n'y avait alors d'autre conspiration que celle de la sainte alliance méditant l'enlèvement de Napoléon, et cela au mépris des traités qu'elle avait elle-même imposés.

On peut dire aussi que Louis XVIII facilita beaucoup le retour de Napoléon. Ce souverain, doué de beaucoup d'esprit et de grands moyens politiques, d'ailleurs accablé d'infirmités, donnait le pas à la bonne chère et à tous les plaisirs mondains sur les plus grands intérêts ; il n'avait ni le temps ni le courage d'arrêter ce qu'il appelait lui-même *un zèle ardent*, et il fut obligé de tolérer les chimères des émigrés rentrés avec lui en France. La France, déjà humiliée de subir un souverain imposé par les ennemis, fut naturellement plus que jamais indignée que ce souverain osât conspirer contre les institutions que le progrès de la civilisation l'avait contraint d'accorder.

Napoléon n'ignorait pas quelle était la situation morale de la France. Forcé, par les projets de la sainte alliance, de quitter l'île d'Elbe, il était sûr d'être bien accueilli dans sa patrie : il ne se trompait point, le résultat confirma ses conjectures. Son retour enflamma tout le monde ; chacun regardait alors Napoléon comme un sauveur venant nous délivrer et des chimères du gouvernement de Louis XVIII, et des hontes de l'invasion.

Les cent-jours ne furent pas trop favorables à l'Empereur. Après son débarquement, reçu en France comme un nouveau Messie descendu du ciel, tout le monde se prosternait devant lui; le peuple entier, ivre de joie, le contemplait avec admiration marchant en triomphateur de Cannes à Paris ; les soldats, électrisés par l'enthousiasme national et par leur propre bonheur, rivalisèrent de dévouement.

Quelques jours après le 20 mars, l'enthousiasme commença à s'affaiblir, dès que le parti bourbonnien eut recommencé ses intrigues. Ce parti antinational sema partout adroitement tant de bruits sinistres sur l'avenir de la France, menaçant le pays d'une prochaine et nouvelle coalition plus nombreuse que les précédentes, que bien des personnes se trouvèrent saisies de crainte, d'hésitation, et se mirent en mesure de ne pas se compromettre davantage.

Le parti républicain était favorablement disposé, mais malheureusement l'acte additionnel et les fêtes de mai furent mal interprétés par lui, les bonnes dispositions de ce parti disparurent : il abandonna l'homme qui, seul, pouvait sauver la France.

Il ne restait donc à Napoléon, pour repousser l'invasion menaçante, que les hommes qui ne capitulent jamais avec leur conscience, et qui toujours sont prêts à faire le sacrifice de leurs intérêts privés aux intérêts du pays ; ces hommes étaient encore nombreux alors, ils auraient fait triompher la France, si leur bonne volonté n'avait pas été paralysée par la trahison.

Cependant un autre danger menaçait la sécurité de la France : déjà on apercevait parmi quelques-uns des chefs de l'armée cette dissimulation, cette hésitation, qui devaient l'une et l'autre être si fatales au pays. Il paraîtrait en outre que, dès les premiers jours du retour de Napoléon, il s'était formé, parmi quelques hauts personnages, un projet pour modifier le pouvoir de l'Empereur, afin qu'il ne fût plus le maître de faire la guerre. Il semble que tout d'abord, on tomba d'accord sur les moyens d'exécuter ce projet, mais que le temps manqua pour le mûrir convenablement. On croyait alors que quelques chefs de l'armée étaient initiés dans cette entreprise, ce qui est en effet présumable, comme je le ferai voir plus loin ; mais il est faux que cette conspiration contre le pouvoir de Napoléon ait eu des ramifications étendues dans l'armée. Au reste l'avenir, sans aucun doute, éclaircira tout ce que ce point d'histoire a encore d'obscur.

Je pourrais bien citer encore d'autres faits et d'autres lueurs qui annonçaient à Napoléon des obstacles de plus d'un genre à renverser ; mais le lecteur doit être suffisamment convaincu, par les détails dans lesquels je viens d'entrer, que l'Empereur n'aurait jamais pu succomber devant les armées de l'Europe coalisée, si ces armées n'avaient pas eu pour auxiliaires des Français tièdes ou renégats.

Il est douloureux de penser que tous nos désastres ne proviennent que de la conduite coupable tenue par quelques hommes : ces hommes de moins ou punis à temps, la France serait encore la reine du monde, placée à la tête de la civilisation et du progrès de la liberté des peuples ! tandis qu'aujourd'hui elle est abattue sous la servitude des intérêts matériels et égoïstes, et laisse s'établir, sans murmurer, l'esclavage universel.

Hélas ! aucun signe ne m'apparaît, rien ne vient indiquer une voie par où l'humanité pourra échapper à cet esclavage que les tyrans coalisés préparent aux peuples ! Napoléon n'est plus là pour détruire les projets de ces rois prétendus représentants du ciel. Après Jésus-Christ, quel homme avait une destinée plus céleste que Napoléon ? Qui mieux que lui pouvait prouver au monde l'égalité des hommes, et qu'il ne doit exister d'autre souveraineté que la volonté des peuples ? Il lui fallait démontrer d'abord la vanité de ce titre : *souverain par la grâce de Dieu*, et dans ce but il prit la couronne impériale : *par la grâce du peuple*. Par cet acte, Napoléon devint l'égal de tous les rois et put ainsi mieux ébranler leur pouvoir usurpé, en montrant aux nations ce qu'elles devaient faire ou espérer. Et qu'on ne m'objecte pas le despotisme impérial : avant toute chose ne fallait-il pas concentrer le pouvoir dans des mains fortes et capables de vaincre, à l'intérieur comme à l'extérieur, les ennemis de la révolution ? ne fallait-il pas faire choix d'un génie assez puissant pour tirer la France du chaos où elle était plongée, et pour semer chez les peuples, ces idées d'indépendance qui, y ayant germé depuis, peuvent devenir la planche de salut de l'humanité ? si l'humanité peut être sauvée !...

Mais, qu'ai-je besoin de désespérer de l'avenir ! un successeur de saint Pierre est venu ; et à sa voix l'Église rentre dans la véritable voie : Pie IX confond ensemble l'égalité des âmes et l'égalité des hommes ; l'Église ne repousse plus la démocratie : la puissance spirituelle donne la main à la puissance temporelle ! Qu'ai-je besoin de chercher un signe qui me rassure sur l'avenir de l'humanité ! Ce signe n'est-il pas à Rome ? et les populations de l'Italie, tirées déjà par lui de leur engourdissement, qui s'agitent pour ne plus se reposer que le jour du triomphe de la liberté et du progrès, ne l'ont-elles pas reconnu, proclamé ?... Jésus-Christ sur le calvaire a répandu son sang pour le triomphe de la doctrine de l'indépendance humaine ; Napoléon, destiné par le ciel pour exécuter la partie matérielle des plans de la Providence, a fixé aussi sa doctrine sur cet autre calvaire de Sainte-Hélène ; et Pie IX à son tour vient proclamer *cette vérité* concernant les deux doctrines de liberté, en les unissant dans un même symbole. Désormais Jésus-Christ, c'est-à-dire le ciel, l'émancipation des âmes, marchera d'accord avec Napoléon, c'est-à-dire avec la terre, l'émancipation des corps. Que ceux donc qui sont de bonne volonté et qui sentent en eux toute la dignité de l'homme, se prosternent et suivent celui qui, ceint de la tiare de saint Pierre, arbore l'étendard de la croix au nom de la liberté des peuples, et que tous ensemble ils s'enrôlent sous ce drapeau, espérance du progrès !

DÉTAILS SUR LES QUATRE JOURNÉES DE LA CAMPAGNE DE 1815.

Pour qu'on puisse bien saisir l'ensemble de la bataille de Waterloo, je crois nécessaire de jeter un coup d'œil rapide sur les quatre jours de la campagne : dans le quatrième et dernier jour, je prouverai combien sont inexacts ou de mauvaise foi les écrivains qui ont parlé des quelques détails qui me concernent.

Les écrivains qui racontent l'histoire contemporaine gardent presque toujours des ménagements ; ils raisonnent plus ou moins juste, ils nomment les crimes ou les fautes politiques par leurs noms, mais presque constamment les coupables de ces crimes et de ces fautes ne sont désignés que vaguement. M. Achille de Vaulabelle est le premier, à ma connaissance, qui, parlant de 1814 et 1815, ait abordé franchement, loyalement et surtout courageusement, toutes les questions de personnes : je lui rends cette justice, bien que j'aie, en ce qui me concerne, à me plaindre de ses inexactitudes.

Il est temps, après trente-trois ans, que l'historien s'affranchisse enfin de la réserve imposée par les circonstances politiques, et fasse taire toutes les considérations particulières. M. Achille de Vaulabelle nous a montré la route de la vérité, marchons hardiment sur ses traces, et la postérité n'ignorera rien sur tout ce qui nous concerne : elle nous jugera en connaissance de cause ; les premiers pas sont faits : ce qui demeure encore ignoré ne tardera pas à se révéler.

J'ai parlé de faits graves qui, par leur enchaînement, ont contribué au fatal dénoûment de la bataille de Waterloo : je vais en faire l'appel des principaux, et provoquer ainsi les intéressés dans cette question à s'expliquer, à confesser leur foi comme je le fais moi-même : chacun doit ce sacrifice à la patrie. De cette discussion solennelle, que je réclame, la lumière ne peut manquer de jaillir, le tribunal de l'opinion publique pourra juger alors : ce tribunal suprême est toujours juste ; on peut l'égarer par moment, mais le temps est maître de la vérité : *il tempo è galant' uome*, comme dit l'Italien.

JOURNÉE DU 15 JUIN 1815 *. — OUVERTURE DE LA CAMPAGNE.

La campagne s'ouvrit le 15 juin sous de tristes auspices : elle fut inaugurée par la désertion du général Bourmont, imitée par son état-major composé de : l'adjudant-commandant *Clouet*, chef d'état-major de la première division ; deux capitaines aides de camp, nommés *Dondigné* et *de Frélon* ; deux officiers adjoints de l'état-major, le chef d'escadron *Villoutry* et le capitaine *Sourdat*.

Cette désertion, le jour du combat, affecta beaucoup le moral de l'armée, tant par son importance en elle-même que par les autres trahisons dont elle semblait le prélude : la réputation du général Bourmont était bien établie parmi ses chefs et ses égaux ; tous ou presque tous avaient confiance dans son esprit, dans ses talents ; sa désertion produisit parmi eux un effet immense, une douloureuse et inquiète sensation. Pour ce qui est des soldats, qui ignorent l'art de déguiser leur pensée, ils en furent tellement démoralisés, que partout ils voyaient des traîtres : leur méfiance atteignait tous leurs chefs. Depuis longtemps l'expérience a prouvé que le moyen le plus certain pour vaincre une armée, pour paralyser tous ses efforts, est d'affecter son moral : les instigateurs de la désertion de Bourmont connaissaient cette vérité, ils en profitèrent. Dans leur bon sens, nos soldats se disaient que le général Bourmont ne pouvait avoir passé à l'ennemi seulement pour la satisfaction de trahir, mais bien pour lui être utile, le prévenir des mouvements de l'armée française, lui faire connaître tous les détails de la campagne, pour livrer, en un mot, à l'ennemi les plans arrêtés la veille de sa désertion, et

* Avant de lire le récit des événements qui se passèrent dans cette journée, il est utile de prendre connaissance de la proclamation que l'Empereur adressa d'Avesnes à l'armée le 14 juin. (Voir note 2.)

ruiner ainsi d'avance toutes les prévisions, tous les projets de l'Empereur.

Aucun éclaircissement n'est nécessaire sur cette désertion : le fait parle de lui-même, il est suffisamment éloquent; le général Bourmont est définitivement, irrévocablement jugé par l'opinion publique, par tout homme, à quelque parti qu'il appartienne, pourvu que ce parti réprouve les choses honteuses. Si j'en ai parlé, ce n'est uniquement qu'afin de rassembler sous les yeux de mes lecteurs tous les incidents, tous les faits qui ont contribué au dénoûment de Waterloo, pour que chacun ait sa part de responsabilité. Toutes les opinions peuvent être honorables, comme toutes les religions, lorsqu'elles sont sincèrement professées; mais un homme de cœur, un homme loyal, peut-il avoir de la sympathie, peut-il donner des éloges sans rougir à une action immorale comme est la trahison? Le vieil adage nous dit : *On aime la trahison et on hait le traître*. On aime la trahison lorsqu'elle profite à notre opinion; on hait le traître, parce que la conscience de l'honnête homme le réprouvera toujours. Si le général Bourmont tenait si fort à la restauration, il n'avait pas besoin de compromettre ses amis, ses protecteurs qui avaient répondu de sa fidélité à Napoléon; pour servir les Bourbons, il avait d'autres moyens que l'honneur n'eût pas tout à fait désavoués, quoique l'on doive toujours flétrir celui qui va chercher un appui à l'étranger, lorsque le sol matériel de la patrie est menacé d'une invasion. Bourmont n'avait donc pas besoin de se glisser dans les rangs de l'armée française, comme un malfaiteur se glisse dans une maison avec l'intention préméditée de l'incendier; Bourmont n'avait donc pas besoin de passer à l'ennemi au moment de l'ouverture de la campagne, d'abandonner ses drapeaux au moment du combat suprême où sa patrie allait soutenir une dernière lutte pour son indépendance. Si Bourmont voulait servir la dynastie déchue, il n'avait qu'à suivre d'autres exemples et aller droit à Gand; je l'en blâmerais encore, mais au moins, pour sa justification, pourrait-on m'objecter son zèle ardent; tandis que le déserteur ne peut rien trouver pour se faire absoudre : rien, rien ! Il n'en est pas moins regrettable, à tout jamais, qu'un homme qui s'illustra ensuite par la conquête d'Alger, qu'un homme qui, étant ministre de la guerre, fit plus de bien à l'armée que tous les autres ministres ses prédécesseurs, ait une telle ignominie à se reprocher.

Le commencement déplorable de cette journée du 15 juin porta des fruits amers durant le jour entier : l'armée ne pouvait revenir de sa stupéfaction, le passage de la Sambre fut exécuté avec une certaine hésitation, pour ne pas dire avec une timidité désolante. Ainsi, jamais on n'a pu s'expliquer pourquoi le maréchal Grouchy et le général Vandamme hésitèrent tant, ce jour-là, à attaquer le corps prussien de Ziethen, qui, dans sa retraite de Charleroi, s'arrêta aux environs de Gilly. Si l'Empereur ne se fût pas rendu en personne sur les lieux, le corps de Ziethen aurait probablement passé la nuit en toute sécurité, pour se joindre ensuite, le lendemain, à Blücher. De même pour ce qui concerne le prince de la Moskowa, on ne s'est pas encore expliqué pourquoi ce maréchal ne fit pas occuper les Quatre-Bras dès le 15, alors que cette importante position n'était défendue, durant toute cette journée, que par un faible détachement. Quelles intentions pouvait avoir le prince de la Moskowa lorsqu'il faisait assurer à l'Empereur, le 15 au soir, que les Quatre-Bras étaient occupés par lui, alors qu'il n'avait pas ordonné un seul mouvement dans le but de s'emparer de cette position, *la clef de toutes les opérations?* J'admire trop la vie du maréchal Ney pour accuser ici légèrement le brave des braves, mais il y a là un mystère que je voudrais voir s'éclaircir.

Je viens d'exposer les faits principaux de la journée du 15, qui me paraissent difficiles à expliquer; dans eux est le premier germe de toutes les *fatalités* qui signalèrent la fin de la campagne. — Dès ce premier jour, on peut s'apercevoir que tout marchait sans élan là où l'Empereur n'était pas pour tout animer de son âme de feu : pouvait-il être partout?

JOURNÉE DU 16 JUIN. — BATAILLE DE LIGNY.

Dans plusieurs relations de la campagne de 1815, il est dit que les ennemis furent surpris dans leurs cantonnements, qu'ils ne connurent les mouvements de l'armée française que tard dans la journée du 15; je ne partage pas cette opinion : Les Anglais comme les Prussiens sont trop méthodiques, trop méticuleux sous le rapport des sûretés à garder en présence de l'ennemi pour qu'ils aient négligé les plus ordinaires précautions. Après qu'ils eurent pris toutes leurs mesures pour se mettre promptement en campagne en cas d'hostilités, ils n'avaient rien de mieux à faire que d'attendre tranquillement les mouvements de l'armée française, afin de tâcher de pénétrer le plan d'opérations de l'Empereur; et une preuve, entre autres, de la vérité de ce que j'avance, c'est que le général Ziethen, commandant l'avant-garde de l'armée prussienne, à la première attaque des Français, forma à l'instant même un corps de dix à douze mille hommes. Une autre preuve péremptoire que tout était bien combiné d'avance dans l'armée des coalisés, c'est que l'Empereur trouva, sur la route de Bruxelles, un corps de quatre-vingt-quinze mille hommes qui lui barrait le chemin, ce qui renversa totalement son projet d'arriver sans coup férir dans la capitale de la Belgique. On m'objectera peut-être que l'ennemi fut prévenu par le général Bourmont; c'est probable, s'il était avec lui en rapport secret avant sa désertion, sinon il n'a pu lui faire connaître les mouvements de l'armée française que peu d'instants avant qu'ils ne fussent visibles pour tous. En effet, le général Ziethen étant attaqué à Charleroi, dans la matinée du 15, au moment de la désertion de Bourmont, dut faire prévenir immédiatement le feld-maréchal Blücher de ce qui se passait aux avant-postes. Le courrier de Ziethen, très-certainement, ne pouvait aller moins vite que le général Bourmont; dans tous les cas, la différence de temps ne peut être que minime, en supposant que Bourmont arrivât le premier à Namur, quartier général de Blücher. L'armée anglo-prussienne était donc en mesure de se mettre en défense au premier *qui vive;* elle savait même qu'elle allait être attaquée; qui l'avait si bien renseignée? Si c'est le général Bourmont, ce ne peut être après sa désertion : il eût été trop tard alors, mais bien avant, par les renseignements qu'il se procura à l'aide de sa position, renseignements qu'il a pu faire passer à l'ennemi.

Il est certain que les ennemis étaient bien servis; qu'ils savaient mieux ce qui se passait en France, que nous n'avions connaissance de leurs propres affaires; la plupart des partisans des Bourbons se faisaient un point d'honneur d'espionner et de communiquer les résultats de leurs *observations* à Gand, d'où tous les renseignements étaient fournis à Wellington.

Après le 20 mars, j'ai été employé quelque temps comme sous-chef d'état-major du premier corps (comte Drouet d'Erlon), qui était alors corps d'observation sur la frontière de la Belgique. Nous fûmes plusieurs fois prévenus, par les autorités de Paris, de nous méfier de bien des personnes; nous eûmes alors des preuves nombreuses qu'on surveillait tous nos mouvements, qu'on cherchait à savoir ce qui se passait au quartier général. La plus grande partie de ces espions n'était pas des espions ordinaires qu'on paye, mais bien des personnages assez haut placés dans la société. Enfin, nous étions tellement obsédés par *ces messieurs*, que le comte d'Erlon fut obligé de défendre les entrées dans quelques bureaux, aux officiers même de son corps.

Pour nous, nous avions bien des amis en Belgique, mais nos rapports avec eux n'étaient que de convenance ; les Belges n'étaient pas de la trempe des amis de Gand, capables de descendre au noble métier d'espionnage. Nous n'eûmes pas non plus des espions payés ; jamais on ne nous alloua aucuns fonds pour cet objet. Nous recevions souvent des instructions de Paris, mais, la plupart du temps, ces renseignements étaient faux ou inexacts.

Pour ce qui est de la lettre de Wellington, à la date du 15 juin, adressée à l'empereur de Russie; lettre qui se trouve dans la collection de ses dépêches et ordres du jour, que les publicistes citent comme une preuve que les ennemis ne connaissaient pas l'irruption de l'armée française ; je pense que c'est un hasard si la date de cette dépêche se trouve au moment de l'ouverture de la campagne par l'armée française : étant sur le pied de guerre, sur le qui vive, et en mesure pour tous les événements, cette lettre prouve, en résumé, que Wellington pouvait se livrer à d'autres occupations.

Les Allemands, comme les Anglais, sont des hommes toujours méthodiques. Le général prussien Toll avait fait un plan d'invasion de la France ; Wellington le discutait et donnait ses idées sur ce plan, dans le moment de l'attaque des avant-postes ennemis par l'armée française. Le général anglais, conformément à ses combinaisons toujours très-scrupuleusement prudentes, ne comptait pas que Napoléon commencerait sitôt la guerre; pourtant, par suite de ses habitudes de précaution, il était en mesure de parer à tous les événements. Wellington savait que Napoléon, revenant de l'île d'Elbe, n'avait pas trouvé de grandes ressources réunies ; il lui fallait du temps pour tout préparer, tout organiser pour la guerre : telle était l'opinion du généralissime anglais, qui s'imaginait aussi que l'Empereur ne pouvait se maintenir en France que par la force des armées. Tous ces rêves anglo-tudesques sur l'invasion de la France, sur la décadence de la France, ne peuvent que faire rire un homme sensé; et pourtant, c'était sur eux que se reposaient les généraux ennemis, lorsqu'ils créaient complaisamment dans leur esprit des obstacles à Napoléon. Ils ignoraient sans doute que le génie hâte toutes choses; que là où le temps manque à la médiocrité, il crée des mondes. En quelques semaines, Napoléon créa une armée et fut prêt pour la guerre.

Ce qui était vrai au fond de tous les projets contre la France, c'est que les ennemis, je veux dire toute la sainte alliance, se préparaient à nous attaquer. L'Empereur commençant les hostilités le premier aussitôt qu'il eut réuni une armée de cent mille hommes, le faisait dans la prévision que, s'il attendait encore, il donnerait le temps à ses adversaires de réunir des forces trop considérables pour les vaincre facilement.

L'Empereur a-t-il bien fait de commencer de suite les hostilités? C'est là une question délicate à traiter; on pourrait la discuter à l'infini; quant à moi, je suis bien convaincu qu'il ne pouvait faire autrement; qu'attaquer le premier, était une action digne du génie de Napoléon. La seule chose qu'on pourrait reprocher à l'Empereur dans cette circonstance, serait de n'avoir pas renouvelé son état-major général de l'armée active: les mêmes acteurs jouent difficilement en politique des rôles opposés. Napoléon n'ignorait pas, comme tout le monde, qu'il n'avait aucun arrangement, aucun traité à espérer des puissances ennemies; la guerre seule pouvait lier de nouveau, d'une manière sérieuse, ce que la guerre avait délié. L'Empereur avait toutes les chances en sa faveur pour vaincre en entrant en Belgique; vainqueur à Waterloo, sa victoire aurait eu une importance incalculable; la ligue des coalisés se trouvait rompue. Les peuples de l'Allemagne, trompés en 1813 et 1814 par les promesses que leurs souverains ne tinrent pas plus alors qu'ils ne les réalisèrent depuis, ces peuples, dis-je, n'auraient très-certainement pas été aussi prompts à se sacrifier de nouveau pour une cause qui désormais n'était plus la leur. Napoléon, au contraire, restant en France sur la défensive, avait d'abord à craindre la guerre civile, qui ne pouvait être paralysée que par une grande victoire, et en même temps il avait à redouter d'attirer sur le sol de la patrie toute la horde, toute la tourbe du Nord. L'événement a trompé l'attente de l'Empereur, mais ses prévisions n'en furent pas moins justes*.

La journée du 16 offre des circonstances bien inexplicables

* Pour bien comprendre l'importance de la journée du 16, il est utile de connaître tous les ordres qui parurent ce jour-là. (Voyez les notes 3, 4, 5, 6, 7, 8 et 9.)

sous tous les rapports ; elle fit ressortir, plus évidemment que la journée précédente, l'indécision de quelques-uns des lieutenants de l'Empereur : de ceux qui, pour me servir de l'expression employée alors par les soldats, voulaient ménager à la fois *la chèvre et le chou.*

Il est pénible d'avoir à examiner la conduite équivoque de quelques-uns des illustres généraux qui, avant ces jours néfastes, contribuèrent tant à la gloire de la France ; mais l'histoire a des droits comme des devoirs à remplir, je dois les respecter.

Déjà j'ai dit combien fut inexplicable la conduite du prince de la Moskowa du 15 au soir jusqu'au 16 à midi : sans obstacles sérieux devant lui, il négligea d'occuper les Quatre-Bras, alors que cette position importante n'était défendue que par quelques détachements d'ennemis ; il ne se décida à commencer l'attaque que lorsque Wellington y eut réuni des forces doubles de celles dont il pouvait disposer.

L'Empereur désirait beaucoup l'occupation des Quatre-Bras par le corps d'armée du maréchal Ney, ce point était de la plus haute importance pour assurer le succès de l'armée française. On a avancé, dans le but d'excuser le maréchal Ney de sa lenteur, que ce maréchal n'avait rien voulu entreprendre avant sa réunion avec le premier corps (le corps Drouet d'Erlon); mais il est certain qu'il n'avait pas besoin de la présence de ce corps d'armée depuis le 15, à sept heures du soir, jusqu'au 16 à une heure, ayant eu constamment sous ses ordres immédiats, durant cet espace de temps, des forces supérieures à celles que l'ennemi pouvait lui opposer.

Le second contre temps de cette journée du 16, contre-temps qui a eu l'influence la plus funeste, non-seulement sur les opérations du jour, mais encore sur toute la campagne, fut le malentendu, les hésitations du comte d'Erlon. Les marches et contre-marches que ce général fit toute cette journée avec son corps d'armée sont difficiles à expliquer. Le comte d'Erlon se trouvait voisin du champ de bataille de Ligny, où sa présence à la tête de vingt mille hommes pouvait décider du sort de la campagne ; l'Empereur, pour compléter sa victoire, n'avait besoin que d'un faible secours ; loin de lui prêter ce secours, le malheur voulut que le comte d'Erlon, par son apparition momentanée près du champ de bataille, trompât l'armée et l'Empereur même, car il fut pris pour un corps d'ennemis, puis il disparut bientôt sans rendre aucun service : le prétexte de son départ fut l'ordre qu'il reçut du maréchal Ney de venir le joindre aux Quatre-Bras. Cette circonstance est trop importante pour que je ne m'y arrête pas un instant, afin de tâcher de l'éclaircir. Le comte d'Erlon est l'un des plus distingués de nos anciens généraux, tant par ses talents que par son noble caractère ; on se perd en conjectures pour expliquer ses marches et contre-marches dans la journée du 16. Obéir aveuglément aux ordres de son chef, c'est un des premiers principes qu'un soldat doit connaître ; le comte d'Erlon était-il dans la position d'obéir? Egaré dans sa marche, il se trouvait par hasard sur la ligne de bataille de Ligny, où l'Empereur commandait lui-même. Eh bien, l'ordre du 16 (voyez note 6), daté de Charleroi, ordre porté par le général de Flahaut au maréchal Ney, ne dit-il pas : « Le major général donne les ordres les plus précis « pour qu'il n'y ait aucune difficulté sur l'obéissance à vos ordres, « lorsque vous serez détaché, les corps devant prendre mes or- « dres directement quand je me trouve présent. » Ainsi l'ordre impératif du prince de la Moskowa, porté par le général Delcambre, chef d'état-major du comte d'Erlon, n'exigeait pas l'obéissance absolue, puisque l'Empereur se trouvait présent. Suivant l'ordre du major général, le comte d'Erlon, étant près de Napoléon, ne devait pas s'éloigner de la ligne de bataille de Ligny sans l'en avertir : en un mot, ce n'était pas du maréchal Ney que le comte d'Erlon avait des ordres à recevoir, c'était de l'Empereur; ce n'était pas aux Quatre-Bras qu'il devait conduire ses vingt mille hommes désormais inutiles au prince de la Moskowa, mais c'était au milieu du champ de bataille de Ligny, et le comte d'Erlon le devait d'autant plus, qu'il avait eu connaissance que le général Labédoyère avait porté au maréchal Ney l'ordre impératif de l'Empereur de diriger sur Ligny, *sans perdre un instant*, le premier corps commandé par d'Erlon. D'ailleurs, le général d'Erlon, avouant, dans une de ses lettres, que le général Labédoyère lui fit voir une note au crayon qui enjoignait au maréchal Ney de diriger son corps d'armée sur le champ de bataille de Ligny, se condamne lui-même ; et il se condamne d'autant plus, que, dans cette même lettre, il dit encore que le général Labédoyère le prévint qu'il avait déjà donné l'ordre pour le mouvement sur Ligny, en faisant changer la direction de sa colonne, et lui indiqua en même temps où ils pourraient se rejoindre.

Il est inexplicable qu'un général du mérite et de l'expérience du comte Drouet d'Erlon, ne se soit pas aperçu, qu'en obéissant au maréchal Ney, il désobéissait à l'ordre de l'Empereur, portant que : « *Où il serait présent, les commandants de corps prendront* « *ses ordres directement.* » Comment n'a-t-il pas su que dans ce moment-là, *le sort de la campagne dépendait de son intervention ;* que l'affaire principale était à Ligny et non aux Quatre-Bras ; que la bataille de Ligny allait tout décider, du sort de la campagne comme de celui de la France? Comment ne s'est-il pas aperçu encore, qu'en obéissant au maréchal Ney il compromettait tout et qu'il obéissait inutilement, sans aucun but, car, par son éloignement des Quatre-Bras, il était dans l'impossibilité de prendre part aux opérations du prince de la Moskowa, ne pouvant arriver sur le terrain de la lutte que dans la soirée bien avancée.

JOURNÉE DU 17 JUIN. — VEILLE DE WATERLOO.

Il est inutile que je m'arrête sur cette journée; les mouvements des divers corps d'armée furent faits avec assez de régularité, un peu lentement, il est vrai, pour ne pas dire avec trop peu d'énergie. Mais cela s'explique : après la journée de la veille, l'armée était assez fatiguée. La bataille de Ligny n'avait pas été un succès aussi grand qu'il aurait dû l'être ; ainsi cette journée du 17, par ses mouvements réguliers, par la concentration de toute l'armée sur un seul point, chassant les ennemis qui se retiraient sur toute la ligne, sans faire de résistance sérieuse, ne pouvait qu'annoncer un grand événement prochain. Je ne puis mieux terminer ces quelques lignes sur la journée du 17 juin, qu'en renvoyant mes lecteurs au rapport que le comte Grouchy adressa à l'Empereur. (Voyez note 15.) Ce rapport est essentiel pour qu'on puisse juger avec connaissance de cause les opérations du général Grouchy, les 17 et 18 juin 1815.

JOURNÉE DU 18 JUIN. — BATAILLE DE WATERLOO.

C'est le cœur navré de douleur que je commence mes remarques sur le 18 juin. Le matin de ce jour, le prince de la Moskowa a-t-il montré de l'hésitation, comme quelques écrivains le prétendent? C'est ce que je ne puis discuter, n'ayant rien connu par moi-même de très-positif à cet égard ; ce qui est incontestable, cependant, c'est que dès le commencement de la bataille, le maréchal Ney se montra Ney, le brave des braves ; sa conduite fut héroïque, admirable ; il déploya une rare énergie et un courage surhumain. On lui reproche aussi quelques-uns des mouvements qu'il ordonna, comme prématurés : par exemple, d'avoir perdu sa grosse artillerie par suite de sa témérité sur la pente de la Belle-Alliance. Pour moi, je n'oserai jamais critiquer ces coups extraordinaires, ces coups d'inspiration, qui souvent déterminent de beaux succès. Pour justifier le maréchal Ney de son audace à Waterloo, je n'ai pas besoin de remonter bien haut dans l'antiquité pour prouver que les plus grands, les plus beaux triomphes militaires sont souvent déterminés par des manœuvres que la froide raison du vulgaire des généraux réprouve comme trop hasardeuses. Napoléon aurait-il éclipsé toutes les gloires militaires, aurait-il remporté de si éclatantes victoires, le maréchal Ney lui-même aurait-il été le brave des braves, s'ils avaient l'un et l'autre suivi la routine ordinaire de la médiocrité ? Telle manœuvre que l'on trouve admirable parce qu'elle a réussi, serait jugée mauvaise si elle avait échoué, et, cependant, elle n'en est pas moins digne de louanges. Ne jugeons donc pas les hommes d'après le résultat de leurs actions, mais d'après les résultats que ces mêmes actions pouvaient raisonnablement donner dans d'autres circonstances.

Le principal épisode de la journée du 18 juin, c'est la conduite de l'aile droite, commandée par le maréchal de Grouchy. Il n'y a plus à discuter là-dessus, la cause unique de la perte de la bataille de Waterloo n'est venue que des opérations mal entendues du corps d'armée sous les ordres du comte Grouchy, qui manœuvra constamment en contradiction avec les ordres positifs de Napoléon. Cela étant parfaitement établi et indiscutable, la question suivante se présente naturellement à l'esprit : Le comte de Grouchy a-t-il *pu* exécuter les ordres de l'Empereur ? Jusqu'à quel point mérite-t-il les reproches de la France, dans le cas de l'affirmative ?

Je ne dois rien préjuger dans une affaire aussi délicate que de haute importance ; je me borne à joindre seulement, aux documents authentiques connus de tout le monde, ce qui est à ma connaissance personnelle, par suite de la part que j'ai prise aux événements de Waterloo. Au reste, je dois déclarer, qu'à mes yeux, l'honneur du comte Grouchy est demeuré intact dans cette triste circonstance; c'est du fond de ma conscience que je fais cette déclaration, conforme, au surplus, à l'opinion générale.

Je dois reproduire ici quelques lignes de mon écrit de 1820; à cette époque de fureur réactionnaire, il était difficile d'exprimer des sentiments de sympathie en faveur d'une cause vaincue, mais ma conscience n'a jamais cédé aux circonstances. Voici ce que je disais en 1820 :

« Je ne suis point du nombre de ces héros du jour, qui font gloire d'incriminer l'infortune. Je n'ai jamais appartenu à d'autres partis qu'à celui de ma conscience. Je ne confondrai jamais Napoléon *avec l'intérêt de ma patrie*; jamais je n'aurai le courage, non plus, d'oublier qu'il était mon souverain, mon bienfaiteur, et qu'il m'a conduit au champ d'honneur. Lorsqu'il était aux Tuileries, mon dévouement pour lui était connu, j'étais son sujet; comme homme, aujourd'hui, je ne cacherai point l'intérêt que je lui porte; mon âme ne peut être indifférente pour celui qui a illustré ses fers à Sainte-Hélène, comme il a su illustrer son règne en France*. »

Avec la même profession de foi j'aborde la partie matérielle de ce que j'ai à dire sur la journée de Waterloo.

Le 18 juin 1815, jour de la bataille de Waterloo, j'étais de service, comme officier supérieur, au quartier impérial, et j'eus l'ordre de ne pas quitter un instant Napoléon.

Vers neuf heures du matin, l'Empereur monta à cheval; je le suivis. En s'approchant vers la ligne droite de l'armée, après avoir parlé quelques moments au comte d'Erlon, il laissa sa suite en arrière, et, accompagné seulement du major général (le maréchal Soult), il monta sur une petite élévation, d'où on découvrait facilement les diverses positions des deux armées. Après avoir examiné quelque temps avec sa lorgnette, sans changer de place, il adressa quelques paroles au major général; puis, au mo-

* Au moment où je m'occupe de ce petit écrit, on apprend que Georges IV est proclamé roi d'Angleterre. La première idée qui me vient est celle-ci : Après l'avénement de Paul Ier au trône, son premier acte fut de faire une visite à Kosciuszko, son prisonnier alors, et de lui tendre la main en lui annonçant sa liberté et celle de ses compagnons d'infortune. Puisse Georges IV être assez heureux pour commencer à régner sur sa nation généreuse sous des auspices aussi favorables, et mettre d'accord un grand acte de justice avec la politique. — Note de la brochure de 1820.

ment où celui-ci descendit du plateau, l'Empereur me fit signe de monter près de lui ; j'obéis ; il m'adressa alors la parole : « *Voilà* « *le comte d'Erlon, notre droite*, » me dit-il, en me montrant le corps d'armée de ce général ; puis continuant, après avoir décrit un cercle de sa main vers la droite de la ligne, il ajouta : « *Grou-* « *chy marche dans cette direction, rendez-vous de suite auprès de* « *lui*, PASSEZ PAR GAMBLOUX, *suivez ses traces ; le major général* « *vous donnera encore un ordre par écrit.* » Je voulus faire observer à l'Empereur que la route qu'il m'indiquait était trop longue ; mais sans me laisser le temps d'achever, il me dit : « *C'est* « *égal*, VOUS SERIEZ PRIS EN SUIVANT LA ROUTE LA PLUS COURTE ; » et désignant ensuite l'extrémité du flanc droit de la ligne, il dit encore : « *Vous reviendrez par ici me rejoindre, quand Grouchy dé-* « *bouchera sur la ligne. Il me tarde qu'il soit en communication* « *directe et en ligne de bataille avec nous. Partez, partez.* »

Aussitôt cet ordre reçu, je courus après le major général, qui se dirigeait en ce moment vers la ferme de Caillou, où le quartier impérial avait passé la nuit. Nous arrivâmes à dix heures à la ferme ; le major général se rendit dans sa chambre, et fit demander son secrétaire. La première chose que l'on fait en commençant à écrire un ordre, c'est d'y mettre la date et l'heure ; il est facile de voir que cette heure ne peut être celle du départ de la dépêche ; car, avant le départ, il faut du temps pour l'écrire ; il en faut aussi pour l'inscrire sur le registre d'ordre du major général. Tout cela demande assez de temps ; dans un service ordinaire, où les heures et les minutes n'ont aucun rôle à jouer, cette remarque n'est d'aucune importance ; mais dans un cas particulier, quand on compte les heures et les minutes, quand on jette un tort au porteur d'un ordre, il doit être permis de rétablir les faits tels qu'ils se sont produits. Je me répète, la date de l'ordre dont je fus porteur fut mise à dix heures ; je me retirai alors au salon de service. Après *une demi-heure* d'attente, je rejoignis le major général. Rien encore que la date n'était écrit ; le major général regardait la carte, et son secrétaire s'amusait à tailler une plume. Je retournai au salon, où je trouvai M. Regnault, ordonnateur en chef du premier corps, qui, apprenant que depuis vingt-quatre heures, ayant toujours été en course, je n'avais pu rien me procurer pour manger, voulut bien envoyer chercher dans son fourgon un morceau de pain et de l'eau-de-vie. Après mon repas, je rentrai de nouveau chez le major général : il était occupé à dicter l'ordre que j'attendais ; je me rendis encore une fois au salon de service. Au bout d'*une demi-heure*, je fus demandé : le maréchal Soult me répéta à peu près, en me donnant son ordre par écrit, ce que l'Empereur m'avait dit. Je partis de suite.

Tous les détails dans lesquels je viens d'entrer prouvent surabondamment, que *les observations* des écrivains sur ma mission sont inexactes. Quelques-uns de ces écrivains sont excusables cependant : ils n'ont pu connaître les particularités que je viens de citer ; sur la foi des ordres publiés, ils m'ont jugé d'après l'heure *mal fixée* de mon départ ; pour les autres, qui ont sacrifié la vérité à leur haine politique, je n'ai pas à me préoccuper de leurs critiques partiales et sans autorité.

Il y avait quelques minutes à peine que je galopais, lorsque la canonnade et la fusillade se firent entendre ; de ce fait, il résulte donc que j'avais quitté le major général vers midi, heure à laquelle la bataille commença. Préciser les minutes m'est difficile : pour s'occuper de l'heure dans une pareille situation, il faut de puissants motifs ; sur le champ de bataille, un soldat oublie les heures comme auprès d'une belle, et ne pense pas au temps. La première halte que je fis fut pour demander la route de Gembloux, et ensuite, à Gembloux, pour m'informer de la direction prise par le corps de Grouchy : je ne pus obtenir de personne une réponse satisfaisante à cette dernière question. Je me dirigeai alors conformément aux avis de l'Empereur et selon la direction qu'il m'avait lui-même indiquée ; je m'en trouvai bien : j'atteignis enfin, entre trois et quatre heures, une division d'arrière-garde qui faisait partie du corps d'armée à la recherche duquel j'étais envoyé : un quart d'heure après, j'avais rejoint le comte de Grouchy ; il était avec le général Gérard dans une petite chambre d'une maison où une ambulance avait été établie. Je présentai mes dépêches au maréchal, et je lui dis encore de vive voix ce dont j'étais chargé. Après avoir parcouru l'ordre que je venais de lui remettre, le maréchal Grouchy le communiqua au général Gérard qui, après en avoir pris connaissance, s'écria, animé d'une émotion énergique, en apostrophant Grouchy : « *Je te l'ai toujours dit, si nous sommes f....., c'est ta faute.* » Lorsque je vis que le comte de Grouchy répliquait sur le même ton, et que de gros mots commençaient à s'échanger, mots qu'il est inutile de citer, je crus convenable de m'éloigner, et, sous le prétexte de donner des soins à mon cheval, je me retirai.

Bientôt, pensant que l'émotion avait eu le temps de se calmer, je retournais auprès du maréchal Grouchy, lorsqu'il sortit tout à coup de son cabinet avec le général Gérard, et, venant droit à moi, il me dit :

— Nous allons voir ; vous restez avec nous, n'est-ce pas ?

Je répondis que j'avais l'ordre de Sa Majesté de ne pas le quitter que lorsque son corps d'armée déboucherait sur la ligne de bataille.

Le maréchal Grouchy demanda alors ses aides de camp ; il donna des ordres, se rendit lui-même sur les bords de la Dyle, et bientôt l'attaque commença par le moulin de Bielge, dans le but de s'en emparer et de passer la rivière sur ce point important. On fit de grands efforts pour gagner la rive gauche de la Dyle ; les obstacles semblaient croître en proportion des attaques. Le général Gérard, bravant tous les périls, combattit à pied comme un simple soldat ; il fut atteint par une balle, il tomba, et la victoire sembla s'éloigner de nous. La nuit survint sur ces entrefaites, on fut obligé de suspendre le combat. Enfin, le 19, au point du jour, le moulin fut enlevé ; le corps du général Thielmann se mit en pleine retraite : nous étions tous au comble de la joie, dans l'espérance de n'avoir plus d'obstacles pour rejoindre l'Empereur et son armée. Après avoir rendu les derniers devoirs à mon ami, le général Penne, qui avait été tué, j'avançai sur la rive gauche de la Dyle, avec quelques chasseurs que le général Pajol m'avait donnés. Je ne rencontrai rien ; l'ennemi se retirait à la hâte par la route de Bruxelles.

Je revins bientôt prendre les ordres du maréchal Grouchy ; je le rencontrai dans un champ, occupé à écrire. Je lui dis en l'abordant : « Maréchal, voilà une belle journée pour vous ! » Il m'avait reçu avec son affabilité ordinaire ; mais je m'aperçus bientôt, avec surprise, qu'il était préoccupé de tristes pensées, ce qui était peu naturel après son récent succès. Il remarqua mon étonnement, et me demanda alors si je connaissais l'officier d'état-major général qui venait d'arriver ; sur ma réponse que je ne l'avais pas vu, il me le désigna au milieu d'un groupe d'officiers. Inquiet à mon tour, je m'empressai de m'approcher de lui : je connus alors les résultats affligeants de la bataille de Waterloo !

Je ne parlerai pas de la retraite que le comte Grouchy fit sur Namur ; elle est suffisamment connue ; d'ailleurs elle n'a aucun rapport avec la question qui nous occupe.

Le général Vandamme, commandant l'avant-garde de la retraite, me proposa de rester avec lui ; j'acceptai avec empressement, et, depuis Wavres jusqu'à Namur, je ne le quittai pas ·

c'était le seul moyen qui me restait pour rejoindre le quartier impérial. Le 20 juin, vers cinq heures du matin, je demandai les ordres du maréchal, il me dit : *Je viens d'écrire quelques mots à l'Empereur ; je m'occupe de tout détailler : vous n'avez qu'à rendre compte à Sa Majesté de ce que vous avez vu.*

Après quatre jours de fatigues continuelles, surtout après la course forcée du 18 pour porter les ordres au comte de Grouchy, mon cheval était hors de service : je pris la poste, et, courant à *franc étrier*, j'arrivai à Laon dans la matinée du 21 juin : l'Empereur était déjà parti pour Paris. Je trouvai l'état-major dans une grande inquiétude sur le sort du corps d'armée du comte de Grouchy; bien que le courrier expédié par le maréchal, la nuit d'avant mon départ, eût sur moi une avance considérable, les nouvelles que j'apportais étaient les premières ; elles produisirent un grand effet et calmèrent bien des inquiétudes : le corps de Grouchy, étant intact, présentait la seule force, pour le moment suffisante, pour soutenir la retraite sur Paris. Le major général parut très-satisfait de mon rapport, et après s'être fait rendre compte de tous les détails de ma mission, il me fit l'honneur de me dire, en présence de tous ses officiers : « *J'aime* « *beaucoup quand on sert avec autant de zèle que vous.* »

Je viens de raconter exactement tout ce que j'ai vu, tous les faits auxquels j'ai pris part, durant la courte campagne de Waterloo. Je vais présenter maintenant mes observations sur la journée du 18, comme je l'ai fait déjà pour les trois journées qui l'ont précédée.

L'Empereur, après la bataille de Ligny, s'étant assuré que Blücher se retirait sur Wavres, ordonna au comte de Grouchy *de poursuivre les Prussiens, de compléter leur défaite, ou d'empêcher au moins leur jonction avec Wellington, s'il ne pouvait les anéantir* ; *et, dans tous les cas, de se joindre à l'armée principale, commandée par Napoléon* ; *enfin, de correspondre avec lui par la route qui mène aux Quatre-Bras.*

La mission du comte de Grouchy était claire ; pour assurer le succès du plan de campagne de la France, il fallait seulement que les ordres donnés au maréchal Grouchy fussent fidèlement exécutés : IL N'ÉTAIT PAS BESOIN POUR CELA DE RECEVOIR DE NOUVEAUX ORDRES.

Pourquoi le maréchal Grouchy a-t-il ralenti la poursuite des Prussiens? pourquoi n'a-t-il pas fait un mouvement sérieux pour empêcher leur jonction avec Wellington? Répondre que les ordres verbaux ne lui sont pas parvenus, n'est pas une réponse satisfaisante. La mission du comte Grouchy était de ne pas quitter de vue les Prussiens; ne recevant pas de nouveaux ordres, il n'avait qu'à exécuter les premiers; les ordres verbaux que le comte de Grouchy fait valoir dans ses excuses ne pouvaient que confirmer les premiers qui enjoignaient de poursuivre à outrance le corps de Blücher. Les ordres envoyés ensuite, qui prescrivaient de détacher une division de sept mille hommes de toutes armes et seize pièces de canon sur Saint-Lambert pour se joindre à la droite de la grande armée, afin d'opérer avec elle, ces ordres, dis-je, ne parvenant pas au comte de Grouchy, ne changeaient rien à sa mission : ils prouvent seulement que pour le succès de ses combinaisons militaires, l'Empereur comptait sur la coopération du corps d'armée de Grouchy. Prétendre que les Prussiens avaient une avance sur lui, ne peut non plus justifier les lenteurs de Grouchy : Blücher, battu le 16, commença sa retraite de neuf à dix heures du soir, ses troupes étant dans le plus grand désordre; le général prussien dut perdre beaucoup de temps pour réorganiser un peu son armée; le général français reçut, le 17 à midi, l'ordre de commencer à poursuivre les Prussiens; Blücher ne pouvait donc avoir une avance bien considérable.

Le 17 au soir le comte Grouchy était à Gembloux, et le 18, jour de la bataille de Waterloo, il savait, AVANT TROIS HEURES DU MATIN, que Blücher avait quitté Wavres en y laissant seulement le petit corps de Thielmann. Le comte Grouchy, *dès trois heures du matin*, le 18 juin, savait donc qu'il ne remplissait plus sa mission avec exactitude, qu'il interprétait mal les ordres de l'Empereur en perdant de vue le corps de Blücher, en le laissant ainsi, sans opposition, opérer sa jonction avec l'armée anglaise.

Cependant le comte Grouchy pouvait encore réparer sa faute et remplir les intentions de l'Empereur d'une manière glorieuse; Blücher n'avait plus l'avance prétendue. Le comte Grouchy ayant connu, avant trois heures du matin, les mouvements des Prussiens, n'avait plus qu'une seule chose à faire : se diriger sur Mont-Saint-Lambert; il pouvait y arriver longtemps avant Blücher, qui avait des difficultés sans nombre à vaincre pour passer les défilés de Saint-Lambert. Par ce mouvement, le comte Grouchy se trouvait facilement à la droite du corps d'armée principal commandé par l'Empereur; il aurait ainsi accompli sa mission et déconcerté Blücher, qui n'aurait pu sortir des défilés dangereux où il se trouvait témérairement engagé.

Mais le malheur voulut, pour la France, que le comte Grouchy s'obstinât à marcher sur Wavres et ne quittât Gembloux qu'après huit heures du matin, c'est-à-dire, *plus de cinq heures* après le départ de Blücher de Wavres. Et d'ailleurs l'Empereur n'avait nullement besoin de faire occuper cette ville ; en parlant de Wavres, dans ses ordres, il ne pensait qu'au corps prussien qui faisait sa retraite sur ce point ; il était évident, et le dernier soldat le comprenait ainsi, que Blücher changeant la base de sa retraite, le but de la poursuite des Français devait changer aussi. Au surplus, il est inutile d'insister là-dessus, le comte Grouchy a compris cette question de la même manière que je la résous, puisque, dans son rapport à l'Empereur, daté du 17 au soir, il dit : « *Si la masse des Prussiens se retire sur Wavres, je la suivrai dans cette direction, afin qu'elle ne puisse gagner Bruxelles, et je la séparerai de Wellington, etc., etc.* » (Voyez note 10.)

J'insiste, le rapport que je viens de citer est daté du 17, à dix heures du soir ; le 18, *avant trois heures du matin*, le comte Grouchy connaissait que Blücher n'était plus à Wavres ; le bon sens ne devait-il pas lui dicter la conduite qu'il devait tenir pour réparer le malheur du départ des Prussiens? Mais, que dis-je, ce départ n'était pas un malheur pour la France, c'était une faute énorme commise par Blücher ; pour en profiter, le comte Grouchy devait se hâter de joindre l'Empereur ; devançant ainsi les Prussiens, le coup de tête de Blücher, si le comte Grouchy avait su profiter des faveurs que la fortune lui offrait, ce coup de tête, dis-je, aurait été fatal aux ennemis de la France : l'Empereur, ayant toutes ses forces réunies sous ses yeux, aurait fait payer bien cher l'audace prussienne, et Grouchy lui-même, chemin faisant, aurait peut-être trouvé l'occasion, s'il l'avait cherchée, d'écraser Blücher dans les défilés de Saint-Lambert.

Il n'y avait rien de plus facile que d'exécuter le mouvement dont je viens de parler ; le comte Grouchy ayant connu à temps les intentions de Blücher, avait de grandes facilités pour joindre Napoléon bien avant que le corps prussien fût auprès de Wellington : peu d'obstacles se trouvaient sur la route des Français, tandis que les Prussiens, comme je l'ai déjà dit, avaient d'affreux défilés à franchir qui devaient leur faire mettre quatre fois plus de temps pour joindre les Anglais qu'il n'en fallait au comte Grouchy pour se réunir à Napoléon.

Au surplus, alors même que tous les avantages que je viens de signaler n'aient pas dû décider le comte Grouchy à marcher sur Saint-Lambert, il était de son devoir d'exécuter ce mouvement, puisque tel était *l'esprit et la lettre* des ordres que l'Empereur lui avait donnés. Le comte Grouchy ne l'a pas fait: sur lui seul doit peser la responsabilité de son inaction.

Après avoir lu le rapport du 17 au soir, que lui avait adressé le maréchal Grouchy, l'Empereur ne pouvait s'imaginer que, le 18, tout se ferait en contradiction avec ce qu'on lui annonçait la veille avec tant d'assurance; il ne pouvait donc pas songer à modifier son plan d'opérations, comme il n'eût pas manqué de le faire s'il avait pu prévoir ce qui arriva.

Sans aucun doute, la bataille de Waterloo n'aurait pas eu les résultats, à jamais regrettables, qu'elle a eus, si les ordres de l'Empereur avaient été ponctuellement suivis. Le comte de Grouchy voyant que Blücher lui échappait, il m'est pénible de le répéter, au lieu de s'entêter à marcher sur Wavres inutilement, devait écouter le conseil du général Gérard, conseil donné aussi par d'autres généraux, conforme au désir de tout son corps d'armée: il devait marcher au canon même ; il aurait encore eu le temps d'empêcher la fatale issue de sa mission.

On voit que le jour de la bataille de Waterloo le maréchal Grouchy a été deux fois mal inspiré : en premier lieu, ayant su avant trois heures du matin la marche de Blücher sur Saint-Lambert, il ne fit rien pour suivre ce mouvement; puis, vers midi, lorsque le général Gérard le pressa avec tant d'ardeur de marcher au canon, il n'en fit rien encore.

En étudiant la carrière militaire de Wellington, on voit que ce général est toujours sage et méthodique dans ses opérations. Cependant à Waterloo, pour la première fois, on pourrait dire qu'il s'est aventuré, qu'il a joué son va-tout; car Blücher, qui était sa seule ressource et sa seule espérance, n'aurait pu que se perdre avec lui, *si Grouchy avait rempli sa mission*. La position de l'armée anglaise était des plus fâcheuses; sa retraite était impossible, et, militairement parlant, elle n'avait d'autre alternative que de vaincre ou mourir. Le jour de la bataille, l'inquiétude était générale dans l'armée anglaise ; et cette inquiétude était si grande, que, derrière les lignes anglaises, elle provoqua un *sauve qui peut!* sur Bruxelles. On sait combien les fuyards trouvèrent de difficultés pour passer les mauvais chemins à travers les bois ; comment donc, dans le cas d'une retraite, l'armée anglaise, conduite par Wellington, se serait-elle tirée de ce pas difficile, ayant à dos l'armée française victorieuse? On voit que l'imprévoyance conduit quelquefois au succès. Wellington et Blücher, par leurs propres fautes, au lieu de leur tombeau, trouvèrent le piédestal de leur triomphe : Blücher, par sa marche de casse-cou à travers les défilés de Saint-Lambert; Wellington, en négligeant de s'assurer une retraite; car il est prouvé aujourd'hui qu'il aurait ordonné cette retraite, si elle avait été possible, bien avant l'arrivée de Blücher. Au reste, à part les manœuvres de Wellington et de Blücher, que je viens de signaler, on n'a aucun reproche militaire à faire aux ennemis. Je n'imiterai donc pas mes devanciers qui, dans leurs critiques, ont oublié que nous sommes les vaincus; c'est-à-dire que nous devons avoir mauvaise grâce à trouver à reprendre sur la bravoure des vainqueurs. Les Anglais et les Prussiens, dans la campagne de Waterloo, se battirent avec un enthousiasme qui leur était peu ordinaire.

En résumé, le malheureux début de la campagne, le 15 juin, par suite de la désertion de Bourmont; le malentendu du 16, commis par le comte Drouet d'Erlon, et ceux du 18, par le comte Grouchy, sont les trois causes de la catastrophe de Waterloo; en n'oubliant pas toutefois de faire entrer en ligne de compte les machinations ténébreuses de la faction réfugiée à Gand.

Maintenant qu'il me soit permis de solliciter l'attention du lecteur sur ce qui me concerne en particulier.

Dans l'avant-propos, j'ai dit que j'avais des réclamations à faire sur les assertions du général de Vaudoncourt, ainsi que sur celles de M. Achille de Vaulabelle ; je vais m'expliquer d'abord sur les premières.

Le général Guillaume de Vaudoncourt, dans son histoire des campagnes de 1814 et 1815, après m'avoir accusé de négligence dans ma mission, ajoute : « *Nous ne rapporterons pas les bruits qui ont couru dans le temps sur son compte.* »

En 1827, proscrit, habitant la Belgique, j'eus connaissance de cet ouvrage; je publiai de suite, dans le *Courrier des Pays-Bas*, une réclamation à la date des 1er et 11 septembre 1827; je ne pouvais alors, dans ma position politique, chercher une autre satisfaction, et d'après le conseil de M. Dupin aîné, aujourd'hui député et procureur général à la cour de cassation, je laissai ma réclamation à des temps plus propices. M. Dupin, que j'ai eu l'honneur de connaître étant à la Force en même temps que les trois braves Anglais de l'affaire de la Valette, dont il était défenseur, et qui alors était protecteur de toutes les victimes des événements de 1815, me tint le langage suivant, en réponse au conseil que je lui demandai :

« *Je conçois toute l'indignation qu'a dû éprouver un brave*
« *militaire tel que vous, en voyant calomnier sa conduite ; mais*
« *il me semble que vous vous êtes fait bonne et suffisante justice*
« *en répondant par les deux lettres qui ont été inserées dans*
« *les numéros du journal que vous m'avez adressés. Un procès*
« *n'ajouterait rien à la conviction des hommes équitables, et*
« *n'ôterait rien à la malveillance des hommes de parti. Il est*
« *des époques malheureuses où chacun est exposé à voir sa con-*
« *duite mal connue ou mal expliquée. Vous avez rétabli la vérité*
« *avec force; contentez-vous de cet avantage. Croyez-moi, etc.*

« DUPIN.

« Paris, ce 15 octobre 1827. »

Après les événements des trois journées de 1830, toutes les condamnations politiques étant annulées, je rentrai en France ; je renouvelai mes réclamations auprès du général G. de Vaudoncourt, chargeant de cette démarche mon ami le général Duvergier Le général de Vaudoncourt demeura étonné de ma plainte, et, afin de se justifier, il demanda quelques jours pour faire venir son manuscrit. Bientôt il nous prouva que la phrase désobligeante ne se trouvait point dans l'original de son livre, écrit de sa propre main ; que cette altération et plusieurs autres étaient de son éditeur, auquel il avait vendu son ouvrage. Voici la lettre du désaveu du général de Vaudoncourt :

« Monsieur,

« Quelque assuré que je fusse de la fidélité de ma mémoire, j'ai dû ne pas hasarder d'avancer comme un fait ce qui n'était qu'une présomption, et j'ai dû attendre mon manuscrit original; je l'ai reçu hier avec une partie des effets que j'avais laissés à Angoulême ; et j'allais vous écrire lorsque j'ai reçu votre lettre.

« Voici le résultat de l'examen comparatif que je me suis trouvé ainsi dans la possibilité à faire ; à la page 95 (tome III) du manuscrit, on lit :

« La bataille étant inévitable, Napoléon écrivit au maréchal
« Grouchy vers dix heures du matin pour l'en prévenir... Napo-

« léon enjoignait au maréchal Grouchy de se diriger sur Wavres, « afin de se rapprocher du restant de l'armée..... Cette dépêche « fut portée par l'adjudant commandant Zenowitz. »

Et à la page 98 : « Un officier d'état-major fut expédié vers une « heure au maréchal Grouchy pour lui porter un nouvel ordre « d'appuyer à gauche. L'officier d'état-major, averti de l'impor- « tance de sa mission, devait pouvoir joindre dans deux heures « le maréchal Grouchy, on ne sait quel chemin il prit, ni par « quelle fatalité il n'arriva à l'aile droite que vers sept heures du « soir. »

« Vous pouvez, quand vous voudrez, prendre la communication du manuscrit.

« C'est la dernière phrase qui a été altérée à la page 33 (tom. IV) de l'ouvrage imprimé (par les soins de l'éditeur à qui j'en avais cédé la propriété), et par la substitution d'une autre dont les expressions ne sont point dans mon manuscrit, et ne sont point de moi. Elles ne correspondent même pas aux observations que j'ai faites sur la bataille de Waterloo et le combat de Wavres.

« Cet exposé simple et clair doit vous prouver, colonel, que je ne saurais *rétracter* des expressions qui ne sont pas de moi. Je ne puis que les *désavouer* comme ne m'appartenant pas, et c'est ce qui résulte de ce que je viens de vous faire connaître.

« Quelques autres altérations ou suppressions qui dénaturent la pensée de mon ouvrage, me font désirer pouvoir faire imprimer mon manuscrit tel que je l'écris. C'est ce dont je m'occupe, et cette fois je prendrai mes mesures pour ne pas encourir une seconde banqueroute, au moins assez rapide pour soustraire l'éditeur à toute responsabilité envers moi, pour les changements qu'il se permettrait.

« Vous pouvez, colonel, faire de ma lettre tout entière l'usage que vous croirez convenable.

« Le général G. DE VAUDONCOURT. »

Paris, ce 15 janvier 1832.

Après ce désaveu, digne d'un homme d'honneur, qui me donnait une satisfaction complète, je crois inutile de reproduire la réclamation que j'ai publiée dans le *Courrier des Pays-Bas*, en 1827.

Je n'ai plus maintenant qu'à présenter mes observations sur ce que M. Achille de Vaulabelle a dit sur mon compte dans sa relation de la bataille de Waterloo.

M. de Vaulabelle, page 174 *, me reproche, porteur de l'ordre au comte de Grouchy, de n'avoir pas fait toutes mes diligences.

D'abord je répète que ce n'est pas à dix heures que je suis parti pour porter l'ordre, mais bien vers midi ; mon explication sur ce fait est établie plus haut, page X, d'une manière péremptoire.

M. Achille de Vaulabelle dit ensuite que j'aurais dû passer par le pont de Moustiers ou d'Ottignies ; je ne pouvais prendre cette route, car j'avais l'ordre de Sa Majesté de passer par Gembloux ; et d'ailleurs M. de Vaulabelle n'a pas pensé probablement, en me faisant ce reproche, *qu'il est de règle à l'armée, lorsque la communication directe avec le corps détaché n'est pas établie, qu'on doit suivre ses traces comme le moyen le plus sûr de le trouver.* D'ailleurs, page 29, j'ai dit que l'Empereur m'avait ordonné de passer par Gembloux ; cette intention de Sa Majesté se prouve par la citation même de M. de Vaulabelle qui dit, page 165, que l'Empereur prescrivait au comte de Grouchy de communiquer avec lui par la route pavée qui mène aux Quatre-Bras. Cette route pavée n'est-elle pas celle de Gembloux ? Au surplus, la *distraction* de M. de Vaulabelle est bien visible lorsqu'il me fait le reproche de n'avoir pas passé par le pont de Moustiers ou d'Ottignies ; car il dit, page 171, « *que le général Domon, détaché* « *avec sa division de cavalerie vers onze heures, avait envoyé dans* « *plusieurs directions des patrouilles d'élite pour communiquer* « *avec le maréchal de Grouchy, et lui porter des avis et des or-* « *dres ; quelques-unes de ces patrouilles, appartenant à un régi-* « *ment de hussards, commandé par le colonel Marbot, avaient* « *poussé jusqu'à la Dyle, et s'étaient arrêtées sur les ponts de Mous-* « *tiers et d'Ottognies.* »

Comment M. de Vaulabelle, donnant ces détails, peut-il me reprocher de n'avoir pas passé par les ponts Moustiers ou d'Ottignies ? Comment a-t-il pu penser que moi seul j'aurais fait plus qu'une division entière de cavalerie ?

Page 175, M. de Vaulabelle dit que la dépêche dont j'étais porteur aurait dû arriver avant midi ; *mais avant midi*, comme

* La pagination est celle du petit volume exclusivement consacré à la bataille de Waterloo, publié par M. de Vaulabelle ; au reste, cette publication n'est autre qu'un extrait du grand ouvrage de l'auteur : *Histoire de la chute de l'empire et des deux restaurations.*

je l'ai dit plus haut, page 29, j'étais encore à attendre que le major général m'eût donné ses ordres.

Je ferai remarquer encore que le général Domon, détaché pour établir les communications avec le corps de Grouchy, avait sur moi plusieurs quarts d'heure d'avance; il avait quitté l'Empereur à onze heures environ, et moi, seulement vers midi.

M. de Vaulabelle doit se convaincre, en définitive, qu'en partant même à dix heures, je n'aurais pu joindre le maréchal de Grouchy avant midi ; il convient lui-même, dans plusieurs endroits de son ouvrage, que les chemins étaient abîmés ; étant à cheval, on ne peut pas exiger trop de sa monture, sans risquer de finir sa course à pied. Les historiens qui écrivent au coin de leur feu ne pensent jamais aux difficultés de la route, ils mesurent la carte avec leur compas, puis ils pensent que tout est fini, que tout va de soi-même, et ils raisonnent après suivant leur bon plaisir, à tort et à travers ; ils se figurent qu'à l'armée on va comme en chemins de fer, et qu'on peut fixer les minutes ainsi que pour un voyage de Paris à Versailles !...

Page 177, M. de Vaulabelle dit que l'Empereur ignorait le point précis où le comte de Grouchy se trouvait, et qu'une partie du corps d'armée de ce maréchal n'arriva devant Wavres que vers quatre heures. Eh bien, comment, en passant même, suivant les combinaisons de M. de Vaulabelle, par les ponts de Moustiers ou Ottignies, aurais-je pu joindre le maréchal Grouchy avant midi, quand son corps ne commença à arriver devant Wavres que vers quatre heures ; voilà une preuve encore qu'il est plus sûr de suivre les traces du corps lorsque la communication directe n'est pas établie ; il n'est pas à supposer qu'un général arrive devant l'ennemi sans son armée.

Afin de convaincre complétement M. de Vaulabelle qu'il s'est tout à fait trompé sur ce qui me concerne, je dirai un moment comme lui : supposons que j'ai mis 6 heures pour faire *onze lieues*, et je me soumets sans crainte à la décision de tout homme ayant quelque habitude du cheval : que j'encoure le blâme universel si on peut taxer de négligence ou de maladresse un cavalier qui fait onze lieues dans six heures avec un même cheval, fatigué déjà par les courses de trois jours précédents, surtout si on songe que les routes avaient été défoncées par deux jours de pluie. Or, ainsi que je l'ai établi, ce n'est pas six heures qu'il m'a fallu pour franchir les onze lieues qui, de la ferme de Caillou, mon point de départ, me séparait du maréchal Grouchy, c'est seulement 4 heures et demie ; et la rapidité de ma course a été telle, les chemins étaient si affreux, ce que reconnaît du reste M. de Vaulabelle, que, malgré les qualités de mon cheval, il m'a été impossible de m'en servir de nouveau, lorsque, de Namur, il m'a fallu courir à franc étrier jusqu'à Laon, ainsi que je l'ai déjà dit plus haut.

M. de Vaulabelle n'a pas pensé combien un officier porteur d'un ordre un jour de bataille peut être embarrassé. Le corps détaché cache son mouvement aux habitants en suivant même ses traces; il faut encore s'informer, prendre quelques renseignements sur la route, il est bien difficile de rencontrer quelqu'un du pays; les habitants se cachent ; ils abandonnent même leurs maisons, leurs cabanes, et ceux qui ne peuvent pas s'isoler dans les bois ou ailleurs s'enferment chez eux ; les aborder est bien difficile. Il faut donc toujours perdre du temps lorsqu'on a des renseignements à prendre.

Il faut aussi prendre des précautions dans sa course. A la suite d'une armée, il y a toujours des maraudeurs, des partisans. A l'affaire de Waterloo plusieurs officiers furent pris ainsi ; voilà pourquoi plusieurs ordres envoyés au maréchal Grouchy n'ont pu lui parvenir. Avoir un guide c'est bien difficile pour un corps ; comment un officier en mission peut-il s'en procurer étant obligé de partir au moment qu'il reçoit l'ordre ; il ne peut rencontrer sur sa route que des militaires de son armée qui ne connaissent les lieux pas plus que lui ; et si l'on rencontre quelques troupes, quelques transports militaires, ce qui arrive très-souvent, un officier en mission est forcé de ralentir son pas pour ne pas écraser quelqu'un en allant trop vite.

Les officiers d'état-major sont ordinairement les plus sûrs soldats, ils sont au choix et souvent à l'épreuve, il n'est pas naturel qu'un chef prenne pour son aide de camp un sujet dont il ne peut être sûr sous tous les rapports ; et qu'il n'ait toute confiance dans son zèle et son activité ; généralement les officiers d'état-major sont obligés d'avoir de bons chevaux.

M. de Vaulabelle, page 56, se plaint beaucoup des lenteurs et des retards des officiers envoyés en mission, jugeant tout, comme je l'ai déjà dit, sur la carte du théâtre de la guerre, où l'on ne voit point les difficultés du terrain et les accidents fâcheux qu'on rencontre souvent à l'armée les jours de combat. — Il dit que le général Flahaut devait rejoindre le maréchal Ney au plus tard à 11 heures, et, page 73, il ajoute que le général Flahaut et un officier d'état-major ne sont arrivés auprès du maréchal Ney qu'à 11 heures et demie et midi. Cependant l'empereur disait dans sa lettre au prince de la Moskowa, le 16 juin : *Mes officiers vont plus vite que les siens,* en parlant d'un officier envoyé par le major général en même temps qu'un des siens avait été expédié.

Les officiers d'état-major ont quelques avantages, quelques agréments de plus que les autres officiers, cela est vrai : ils servent sous les yeux des chefs et peuvent, par conséquent, mieux faire remarquer leurs talents, leur bonne conduite ; en outre de cela, ils partagent en partie les agréments matériels de la vie de leurs chefs. Mais en revanche, en temps de guerre, ils font le service le plus pénible : toujours à cheval, jour et nuit en course, il leur faut travailler encore dans les bureaux ; pour eux l'heure du repos ne sonne jamais ; puis un jour de bataille, ils sont exposés à tous les dangers, s'ils périssent aucun témoin ne dira que leur mort a été honorable ; s'ils accomplissent leurs missions, nul ne sera là pour attester combien il leur a fallu de courage, de sang-froid pour ne pas être pris ou tués.

M. de Vaulabelle dit encore, page 115, qu'une bataille est une action dramatique qui a son commencement, son milieu et sa fin. Tout dans ce bas monde a son commencement, son milieu et sa fin : je ne combats pas contre cela ; mais, seulement, je ne comprends pas beaucoup jusqu'à quel point cette comparaison peut être juste pour ce qui concerne une bataille ; je pense qu'avec un pareil système, l'historien peut se laisser aller à la tentation de *dramatiser* son récit ; dans ce cas, comme dans une *œuvre dramatique,* il est amené à créer des incidents, à en amplifier d'autres tout à fait secondaires, dans l'intention de rendre son sujet ou son livre plus *dramatique : est-ce ainsi que l'on écrit l'histoire?*

Page 176, M. de Vaulabelle fait bien des reproches au major général ; il lui attribue la faute des retards apportés dans la transmission des ordres qu'il donnait ; et il ajoute même, qu'il n'en aurait pas été ainsi si le prince de Neufchâtel eût occupé son ancienne place dans l'état-major impérial. Il est bien difficile d'être de son avis. Berthier n'aurait pas pu faire autrement dans le même cas : on est sûr que les ordres ne manquaient pas au comte de Grouchy ; on connaît ceux qui ont été donnés par écrit ; il y en avait bien d'autres verbaux que, pour calmer l'impatience de l'Empereur, le major général envoyait souvent et qui se perdirent ou furent pris par les ennemis. Sans doute ils ont pris la route de M. Vaulabelle par le pont Moustier ou Ottignies. *Il est à remarquer que je suis le seul de tous ces envoyés du jour de la bataille qui ait été assez heureux pour réussir et je suis le seul que l'on ait critiqué...*

Quant aux reproches qu'on adresse au major général, je répète qu'ils sont d'autant plus injustes, qu'il est prouvé qu'on n'avait pas besoin d'envoyer de nouveaux ordres ; l'Empereur ne changeant pas son plan, et maréchal de Grouchy avait des instructions suffisantes et positives, pour exécuter les ordres de Sa Majesté. Qui aurait seulement osé penser que le comte de Grouchy ne remplirait pas exactement sa mission ? Que pouvait-on lui dire de plus, qui ne fût contenu dans la lettre du 17, à dix heures du soir, qu'il adressa à l'Empereur ? Cette lettre n'était-elle pas une garantie qu'on pouvait compter sur lui (Voy. note 10), et par quelle inspiration fatale, cinq heures plus tard, apprenant les mouvement de Blücher, devint-il immobile, pour tout compromettre, en négligeant, selon l'ordre à lui donné, de poursuivre Blücher, d'empêcher sa jonction avec Wellington, et dans le cas où Blücher lui échapperait, de se joindre à l'armée principale pour combattre à la fois Wellington et Blücher de concert avec Napoléon ?

Les ordres, ordinairement dans une bataille, se donnent verbalement en personne ou par l'intermédiaire des aides de camp, pour les corps détachés ; dans de certains cas, les ordres se donnent par écrit, afin d'assurer la responsabilité du commandant en chef : la campagne de 1815 exigea de pareils ordres, l'état-major étant nouvellement formé, et le temps ayant manqué pour faire connaître tous les officiers d'état-major, soit par les ordres du jour, soit autrement.

Le prince de Neufchâtel, connu par sa spécialité très-rare, comme chef d'état-major, n'aurait pas mieux fait que le maréchal Soult. Il y a dans le monde quelquefois des catastrophes imprévues. Le major général ne mérite, dans cette journée, aucun reproche ; je ne suis point un coryphée du duc de Dalmatie, j'ai même personnellement à me plaindre de lui, mais avant tout il faut être juste.

OBSERVATIONS SUR LES ÉCRITS CONCERNANT LES ÉVÉNEMENTS DE WATERLOO.

La plupart des écrivains qui s'étaient donné la tâche de raconter les événements de Waterloo, sont sortis de leur sujet et ont parlé de toute autre chose; il me sera donc permis aussi de présenter mes observations sur tout ce qu'on a dit; je ne cours pas d'ailleurs après la gloire littéraire, mais uniquement après la gloire de la vérité.

Dans plusieurs relations sur les événements de Waterloo, j'ai vu discuter des doctrines nouvelles sur la guerre.

On a posé en principe, par exemple, que les commandants d'un corps d'armée dès qu'ils entendent une canonnade, doivent, sans attendre les ordres du généralissime, marcher vers la colonne principale, afin de prendre part au combat.

L'histoire nous apprend qu'anciennement les plus grands succès obtenus par des mouvements contraires aux ordres du généralissime, étaient toujours blâmés, et les vainqueurs sévèrement punis pour la victoire même. Titus Manlius Torquatus, consul romain, fit exécuter son propre fils quoiqu'il rentrât vainqueur, pour avoir désobéi aux ordres qu'il lui avait donnés comme son consul, en disant: « Vous avez combattu sans ordre, et vous avez donné « l'exemple de la désobéissance : vous m'êtes bien cher, mais ma « patrie me l'est encore plus; son salut dépend de la discipline, « je dois la maintenir, et faire exécuter les lois que vous avez « violées. A quels malheurs me réduisez-vous! Je dois oublier « les devoirs de père ou ceux de juge; mais Rome doit l'emporter. « Donnons tous deux un grand exemple de fermeté, moi, en vous « condamnant à la mort, et vous, en mourant avec autant de cou- « rage que vous avez combattu. »

Après avoir prononcé ces paroles, il lui donna une couronne, noble prix de sa valeur, et lui fit trancher la tête en présence de l'armée.

Nous ne sommes pas Romains; dans nos mœurs actuelles, une pareille action serait une barbarie; pourtant une désobéissance à l'armée aujourd'hui doit être regardée comme une action bien condamnable.

Le dictateur Papirius Cursor, laissant le commandement de l'armée à son lieutenant Fabius Rullianus, lui défendit de sortir de ses retranchements et de livrer bataille, quand même il y serait provoqué par l'ennemi. Fabius, en l'absence de Papirius Cursor, voyant la possibilité de vaincre les Samnites, les attaqua et remporta une victoire brillante ; le dictateur à son retour ne trouva plus d'ennemis. Il ne vit cependant dans le vainqueur qu'un général coupable de désobéissance, et, sans égard pour le succès, il condamna Fabius à la mort. Comme l'armée, complice de la victoire, se révolta contre l'arrêt et força le dictateur à en suspendre l'exécution, l'affaire fut soumise au sénat et au peuple ; le sénat et les tribuns du peuple trouvant, qu'après un si grand succès, la sévérité ressemblait à de l'ingratitude, déclarèrent l'accusé innocent et même digne de louanges.

La sévérité de la discipline est indispensable, surtout à l'armée, sans elle, on ne peut compter sur rien.

Comment un généralissime peut-il faire son calcul, régler l'ensemble de ses opérations, si ses subordonnés peuvent s'écarter des ordres, si ses subordonnés ne doivent pas suivre la route tracée d'avance par lui. C'est comme si l'on disait qu'un mécanicien peut, en établissant son principal ressort, réussir en abandonnant au hasard ses moyens secondaires et ses agents auxiliaires ; il est facile à concevoir qu'une machine établie ainsi ne pourrait jamais bien aller ; que pour avoir des succès complets, il faut qu'elle soit fixée de manière que rien ne puisse contrarier les combinaisons du mécanicien.

Pour qu'on ne puisse pas me mettre en contradiction avec moi-même, je m'explique. J'ai dit plus haut que Grouchy devait marcher au canon, et je viens de dire qu'un général ne doit jamais désobéir aux ordres qu'on lui a donnés ; il semblerait résulter, de l'application rigoureuse de cette doctrine, que Grouchy, en continuant à marcher sur Wavres, dans la journée du 18, ne fut pas répréhensible. Oui, si l'ordre de marcher sur Wavres à lui donné était absolu ; mais cet ordre était subordonné à la retraite des Prussiens : avant tout, il fallait empêcher la réunion de Blücher et de Wellington. Or, le général prussien quittant Wavres, Grouchy n'avait plus besoin d'y aller ; mais, au contraire, il devait suivre les traces de ce général, et puisqu'il se dirigeait, lui, sur le canon, Grouchy aussi devait se diriger du même côté. En ne le faisant pas, non-seulement il a commis une faute, mais encore il ne s'est pas conformé à l'ordre qui lui enjoignait de suivre les Prussiens partout, et à tout prix d'empêcher leur réunion avec les Anglais.

Par suite de cette malheureuse campagne de Waterloo, on a fait bien des reproches aux militaires en général, et particulièrement aux chefs ; je ne dis pas que ces reproches sont toujours mal fondés : il faut convenir, cependant, que les militaires se trouvaient tout à coup dans une position nouvelle ; habitués à être depuis longtemps soldats et des êtres passifs, ils n'ont pu de suite se familiariser avec le courage civique. Après les événements du 20 mars, il fallait être soldat et citoyen, et ces braves furent placés naturellement entre deux écueils : la crainte et le désir, le passé et l'avenir.

L'apparition miraculeuse, en 1815, de Napoléon en France a étonné le monde, et on peut dire magnétisé toute la France. Le peuple, qui ne capitule guère avec les circonstances, était pour l'Empereur, presque partout de bonne foi, mais une grande partie des personnes en place, les hauts personnages surtout, furent plutôt entraînés par la masse que par la sympathie (je parle en général), une arrière-pensée ne les quittait pas, ils tâtonnaient, ils marchaient, puisqu'il le fallait, mais malgré eux et à contre-cœur. Les soldats surtout ne manquèrent pas de s'apercevoir de la dissimulation d'une partie des officiers, surtout des officiers supérieurs qui, par leur position sociale, pouvaient mieux calculer les chances de l'avenir ; dans les rapports continuels, il est bien difficile de cacher les sentiments occultes, ils se montrent sans le vouloir aux yeux de mille observateurs. Cette dissimulation a éclaté comme un volcan, après la bataille de Waterloo, dans la retraite de l'armée de la Loire, qui, seule alors, représentait encore la nationalité. Combien d'officiers, croyant, après les tristes événements de Waterloo, être dégagés d'une certaine pudeur, abandonnèrent leurs camarades, leurs corps, pour se jeter aux pieds de la dynastie qui revenait en France à la remorque des bagages de l'armée ennemie ; j'en parle en connaissance de cause, étant, par suite du traité de Paris, un des officiers désignés pour la communication entre l'armée de la Loire et l'armée ennemie ; rien ne peut justifier cet acte de désertion, il ne peut être digne d'un vrai soldat de dire *ubi bene ibi patria* ; celui qui a épousé une cause dans la prospérité ne doit pas l'abandonner dans l'adversité ; on a beau vouloir se voiler de tous les prétextes possibles, la meilleure cause toujours est celle de l'honneur. Dans mon rôle à l'armée de la Loire, j'ai bien vu des choses affligeantes, mais ce n'est pas le moment d'en parler.

Ayant mon quartier à Clermont-Ferrand, j'avais des rapports journaliers avec l'armée autrichienne ; sans mon visa, un militaire de l'armée de la Loire ne pouvait passer les lignes ennemies, la conduite des officiers autrichiens envers nous était très-amicale, ils nous dirent souvent : nous ne sommes plus en guerre, soyons bons camarades, disposez de nous et nous vous servirons en amis en tout ce qui sera possible. Nous avons bien profité de leurs bonnes intentions. A l'armée de la Loire se trouvaient plusieurs personnes inscrites sur les fameuses listes de proscription dites des 18 et des 58, les officiers autrichiens facilitèrent leur sortie de France... Je profite aujourd'hui de l'occasion qui m'est offerte pour leur prouver toute notre reconnaissance.

J'ai payé un peu cher, plus tard, mon intervention dans la fuite des proscrits dont je viens de parler. Le préfet du Puy-de-Dôme me dénonça. Tant que je restai à mon poste, on ne me dit rien, j'étais en quelque sorte neutre par ma position, étant reconnu par la convention réciproque ; le préfet seulement me faisait, de temps en temps, mauvaise mine, ainsi que les légitimistes du pays, quoique je leur rendais journellement des services pour leurs propriétés occupées par les alliés. Je ne nomme pas ce préfet pour prouver que je suis sans rancune, d'ailleurs il faisait son métier, comme je faisais le mien de bon camarade d'infortune. Mais après le licenciement de l'armée de la Loire, à mon arrivée à Paris, j'ai été bien persécuté. Le duc de Feltre, ministre de la guerre alors, qui m'a toujours honoré de son intérêt, me dit un jour : « Je ne puis rien pour vous, je vous connais bien, par moi-« même je ne ferai rien contre vous ; votre position à l'armée de « la Loire était bien délicate, mais malheureusement j'ai l'ordre « de vous inscrire sur la liste des noirs. »

Enfin, impliqué dans l'affaire du *Nain tricolore*, et condamné comme on sait, mon compte avec la restauration ne tarda pas à être réglé.

Les écrivains qui ont parlé sur les événements de Waterloo attaquent avec fureur les chefs de l'armée, ils leur reprochent peu d'énergie, arrière-pensées, et ils exaltent l'enthousiasme des soldats ; je ne partage pas cette opinion, sans excepter aucune catégorie de l'armée, j'ai vu de près les uns et les autres ; parmi les chefs, parmi les officiers, parmi les soldats, j'ai connu bien des dévoués comme bien des démoralisés ; on criait à chaque rencontre de Napoléon : Vive l'Empereur ! c'était presque l'habitude ; après et malgré tout, on peut être sûr que le grand homme était toujours admiré et aimé ; les insinuations malveillantes ne purent jamais étouffer entièrement l'amour de l'armée pour lui.

Dans l'ordre social, on voit tous les jours des hommes d'une position secondaire sympathiser avec quelques personnes importantes, souvent ils partagent leurs opinions par suite des rapports d'intérêt qu'ils peuvent avoir avec elles. La même chose se passe à l'armée ; chaque soldat remarquable, chaque officier, chaque chef a ses partisans, ses amis, ses obligés, qui épousent leurs opinions, leurs intérêts...

Dans la campagne de Waterloo, en général, tous les soldats se sont bien battus, et étaient bien disposés ; car il n'y a pas à l'armée française d'exemple qu'un soldat dans un combat ait assez peu de courage pour être lâche : malgré cela, on peut dire qu'ils ne ressemblaient pas tout à fait aux soldats de Marengo, d'Austerlitz et de Friedland...

Les écrivains ont toujours la manie de faire d'une histoire un roman ; ils changent les faits, embellissent les paroles ; ils sacrifient les uns pour prôner les autres : par exemple, on a mis dans la bouche du général Cambronne : *La garde meurt et ne se rend pas*. Ce mot, devenu célèbre, appartient à M. Arnault, de l'Académie, collaborateur du *Nain jaune* ; je tiens ce fait de lui-même, réfugié comme moi à Bruxelles. Il me dit un jour : « N'est-ce pas que mon bon mot : *la garde meurt et ne se rend pas, a fait fortune ? Je n'ai pu le mettre mieux que dans la bouche du brave Cambronne*. M. Harel, l'un des collaborateurs du *Nain jaune*, m'a plusieurs fois aussi confirmé la véracité de cette assertion.

Il est vrai que le général Cambronne a refusé de se rendre aux sommations de l'ennemi, et qu'il a répondu par des mots bien énergiques et plus soldatesques ; mais il n'a pas dit : *La garde meurt et ne se rend pas* *.

Je serais désolé qu'on puisse penser que je vise à diminuer le mérite du général Cambronne : personne ne peut l'estimer plus que moi, ni oublier jamais qu'il m'a honoré de son amitié. Je suis fâché de contredire le duc de Dalmatie, qui a affirmé, un jour à la tribune, qu'il était à côté de Cambronne quand ce mot fut prononcé. Cicéron a dit : *L'Histoire, témoin des temps, messagère de l'anti-*

* On peut voir dans le *Nain jaune* la preuve que c'est ce journal qui, le premier, a imprimé ce mot si célèbre depuis.

quité : il ne faut donc pas que cette messagère trompe nos enfants.

Combien n'en a-t-on pas vu en 1815, dans le grand monde, de ces fameux commentateurs qui, avec leur jactance, ont critiqué les opérations militaires de Napoléon, et qui, dans leurs cabinets et dans les salons professant les principes de la guerre, gagnaient toutes les batailles, maniant leurs pions et les pions de leurs adversaires à leur idée ; ces Aristarques étaient ordinairement de ceux qui ont gagné leurs épaulettes dans les coulisses de théâtre ou dans l'antichambre des grands.

Il faut se méfier de ces docteurs en stratégie ; on n'apprend pas l'art militaire avec des livres seulement : la science n'est que le résultat de l'expérience ; ainsi il faut de la pratique, et la pratique seule, jointe à l'instruction, peut former un guerrier accompli ; un militaire, avec le Commentaire de César et Polybe à la main, n'est souvent qu'une recrue au champ de bataille qui a appris tout et qui ne sait rien appliquer ; la pratique se révolte souvent contre la théorie, on s'y perd facilement.

Dans l'antiquité, les plus grands capitaines étaient toujours cités parmi les plus savants du pays ; l'inspiration est le don du ciel. Le génie ne reçoit pas de lois, il les fait ; si l'on veut que le génie marche en esclave, qu'il ne produise que des résultats médiocres, enchaînez-le par une méthode aveugle, asservissez-le par des principes éphémères. Assujettir d'avance une combinaison à un principe qui ne peut dépendre que des circonstances imprévues, c'est former gratuitement des obstacles, c'est soumettre le premier moteur à des agents auxiliaires.

Un grand capitaine ne peut jamais être un homme ordinaire, il lui faut, en outre des connaissances militaires qu'il possède, d'autres connaissances positives. Un général dans ses combinaisons doit mettre en balance arithmétique, non-seulement ses forces physiques, mais aussi la force morale. Et comment les dirigera-t-il, s'il ne connaît la philosophie, s'il n'a pas étudié l'homme, ses faiblesses, ses capacités..... Il doit être administrateur, car l'armée ne peut exister sans une administration. Il doit enfin avoir l'idée de toutes les sciences. Comment connaîtrait-il la position politique de l'ennemi ? comment ferait-il des capitulations, des suspensions d'armes ? comment remplirait-il sa tâche, s'il ne sait que commander d'aller en avant, à droite ou à gauche ? On dira peut-être que cela est nécessaire seulement pour les généraux en chef. Où se font-ils ces généraux ? parmi d'autres généraux, et ces généraux, parmi les officiers supérieurs, et ainsi de suite. On doit donc conclure qu'un soldat du commencement de sa carrière doit ambitionner d'atteindre tous les grades, ne chercher des épaulettes qu'au champ de bataille, et ne négliger rien pour s'instruire; l'étude jointe à la pratique inspire d'abord de la confiance en soi-même, prépare l'homme aux belles actions, nationalise les intentions, en faisant d'un soldat de métier le défenseur de la patrie : ce n'est qu'ainsi qu'on peut rendre l'état militaire honorable.

Il y a dans le monde de ces petits merveilleux qui parlent avec dédain de l'art militaire, qui croient qu'il suffit, pour être soldat, de connaître les manœuvres, de savoir sabrer, manier la baïonnette; mais un vrai soldat, un citoyen, défenseur de la patrie, doit-il ambitionner les suffrages de ces petits esprits, ces rodomonts du bois de Boulogne? Ils se persuadent être importants, en provoquant un duel à propos de rien ; puis, allant croiser l'épée avec leur adversaire ou échanger un coup de pistolet, ils s'en vont ensuite terminer leur combat chez un restaurateur, et ils se comparent au premier héros du monde.

Il faudrait, pour guérir de cette manie ces grands guerriers, les voir dans une campagne marcher, par un temps de pluie ou d'orage, jour et nuit, coucher au bivac, quelquefois même dans la boue, manquer souvent de nourriture, braver mille balles et autant de boulets, point de vins de Bordeaux ni de Champagne, point de bifteck, point de poulet... C'est alors que ces fameux Aristarques pourraient apprécier mieux l'état du soldat, qui sacrifie sa jeunesse, son avenir et sa vie pour la patrie, et qui enfin, perdant sa santé, estropié, infirme, n'a en expectative qu'une pension insuffisante pour ne pas mourir de faim : voilà tout le *picotin* qui lui reste, si l'on peut se servir de ce mot, employé à la tribune nationale par une grande célébrité du jour.

Depuis quelque temps on attaque avec acharnement les militaires, en les présentant comme les soutiens du despotisme ; on critique les faveurs qu'on leur accorde. Des faveurs...! Avec des faveurs, aujourd'hui, on ne fait qu'humilier les anciens soldats, les décorés dans les campagnes d'Italie, d'Allemagne, de Russie... on égale ces braves immortels aux décorés de la campagne de Transnonain, aux suppôts du système actuel. On sent combien cela doit révolter un homme de cœur.

De la tribune nationale les militaires ne peuvent non plus se louer beaucoup ; ces Messieurs *quoique* et *parce que* ne traitent pas non plus très-favorablement l'armée ; à les entendre, elle a été créée pour être passive, pour obéir à l'autorité ! aussi est-elle le soutien du despotisme. A qui la faute? — le soldat fait son devoir, en obéissant — et il n'est point juste de verser le tort des autorités sur ceux qui remplissent leur tâche.

Quant aux faveurs, pourquoi les représentants nationaux n'usent-ils pas de leur influence pour que ces faveurs soient distribuées au mérite, pour les services honorables? Je dis et je répète : c'est oter tout le prestige attaché à la croix de la Légion d'honneur que de décorer les espions, c'est annuler sa sainte institution que d'accorder si facilement la croix.

Le soldat a besoin d'être stimulé ; mais il faut que ce stimulant soit noble et en rapport avec nos mœurs : dans notre siècle nous ne sommes ni les anciens Grecs ni les Romains, l'antique amour de la patrie n'est plus un fanatisme, il faut donc prendre les hommes tels qu'ils sont. Otez aux militaires les faveurs particulières, refusez-leur les distinctions qui flattent tant la vanité humaine, qu'est-ce qui pourra stimuler l'homme à l'état militaire, à ce pénible et périlleux état? Soyons justes, un homme qui se sacrifie, qui s'expose à tous les dangers, à toutes les mauvaises chances de la guerre, ne mérite-t-il pas quelques faveurs? même ces faveurs qu'on peut philosophiquement nommer enfantines? cet homme n'est-il pas digne de la protection spéciale de sa patrie? Veut-on avoir l'armée nationale, il ne faut pas alors traiter un soldat en mercenaire, mais il faut avoir soin de lui, et le rendre honorable. Que nos lecteurs se souviennent combien les sabres d'honneur, sous la république, et plus tard la croix d'honneur, sous l'empire, enfantèrent de héros, et ils partageront mon opinion sur la nécessité des distinctions honorifiques à accorder à l'armée, lorsqu'elles sont réparties avec justice, en raison du véritable courage et de longs et loyaux services.

L'état militaire en France est en décadence Messieurs les législateurs, réfléchissez-y, sans de bons citoyens et sans de bons soldats la patrie se perd, et ne peut que tomber en esclavage. Rien de plus facile que servir sa patrie au coin d'un bon feu, en mangeant le gros traitement des emplois civils : n'oubliez pas, cependant, qu'un soldat sacrifie sa vie pour le bien public, quand vous, agréablement, ne sacrifiez que votre temps.

Dans plusieurs écrits, on a prétendu que Napoléon à la fin de sa carrière n'avait plus son énergie première ; c'est là une opinion bénévole. Un homme qui est venu faire la plus grande entreprise de sa carrière miraculeuse, quitter l'île d'Elbe, reprendre un trône, est-il sans énergie ? Le 18 brumaire s'efface à côté de cette action, de cette entreprise. Soyons au moins justes, disons plutôt que Napoléon, ne trouvant pas les mêmes dispositions en France, ses derniers faits n'ont pu avoir l'éclat auquel il avait habitué le monde. Le seul reproche qu'on puisse faire à Napoléon au sujet des événements de 1815, c'est de n'avoir pas épuré son état-major général comme je l'ai déjà dit plus haut : s'il avait refusé d'employer tous ceux qui, par suite de ses bienfaits, étaient devenus des Crésus, en les laissant jouir dans leurs manoirs tranquillement de leurs trésors ; enfin, s'il avait eu deux ou trois hommes comme Gérard, nous ne serions pas aujourd'hui où nous sommes. Mais Napoléon était bon et souvent même faible dans sa vie privée, il tenait toujours beaucoup à ses anciens camarades; il paraît pourtant qu'il sentait la nécessité d'éliminer le gros cadre de son état-major, mais malheureusement sa délicatesse a retardé d'exécuter cette mesure.

J'ai mentionné, page 15, qu'on a eu l'idée à Paris, par un acte législatif, d'empêcher que Napoléon puisse faire la guerre par sa seule volonté ; ce projet avait-il quelques ramifications parmi les chefs de l'armée ? C'est bien difficile à supposer, pourtant ce projet a pu être conçu ; le seul soupçon de ce fait que j'ai, est celui-ci : Le général Vandamme m'engagea, comme je l'ai dit plus haut, à l'accompagner dans la retraite de Wavres sur Namur ; j'avais souvent l'occasion, dans cette marche, de l'entretenir ; naturellement notre conversation roulait sur les événements de Waterloo. Le général Vandamme me dit alors plusieurs fois ce qui suit, à peu près dans les mêmes termes que je le rapporte : « *J'ai toujours pensé qu'on aurait bien fait d'attendre que* « *les ennemis nous provoquassent ouvertement à la guerre, car* « *nous ne sommes pas en mesure de commencer avant tout le* « *monde. On a bien pensé à Paris d'empêcher que l'Empereur* « *fût le premier à commencer les hostilités ; mais c'est difficile* « *de détourner un homme comme lui de son idée fixe, on n'a pas* « *pu d'ailleurs tomber d'accord sur les moyens d'exécution, le* « *temps, au reste, a manqué pour mûrir ce projet...* » On peut bien penser qu'alors je ne donnai aucune importance à cette conversation due au hasard ; aujourd'hui même on ne peut avoir qu'une idée vague là-dessus. Il y a sans doute des personnes qui en savent plus sur ce fait, ils cesseront peut-être leur discrétion, ce serait rendre un véritable service à l'histoire.

On a parlé dans plusieurs relations de *sauve qui peut !* il n'y a pas de doute que la police des réfugiés de Gand n'ait été organisée pour démoraliser l'armée et contrarier les opérations; pour prouver mon dire, je vais raconter ce qui m'est arrivé personnellement :

L'Empereur, le 16 au soir, lorsque la bataille était presque finie avec tous les succès possibles, s'impatientant de ne pas voir arriver le duc de Bassano, voulant s'assurer de ce qui se passait en arrière, et faire avancer les détachements qui étaient en retard, me donna la mission de prendre tous ces renseignements et hâter l'arrivée du duc de Bassano. A Charleroi je devais prendre la voiture. En quittant Charleroi, à la première poste, pendant qu'on changeait les chevaux, un envoyé du duc de Bassano, qui guettait à la poste un courrier ou quelqu'un du quartier impérial, me demanda si je pouvais me charger de ses dépêches, ajoutant que le duc de Bassano se trouvait indisposé, et ne pouvait continuer sa route, et qu'il s'était arrêté dans une ferme située dans les bois. Après avoir dit à cet envoyé combien ce hasard m'était agréable, car j'allais à la rencontre du duc, je me chargeai de ses dépêches; et jugeant convenable de voir le duc, j'engageai son envoyé à monter dans ma voiture.

A peine nous entrions dans les bois, que nous vîmes bien du monde en fuite, criant : *Sauve qui peut!* il n'y avait pas de soldats, mais beaucoup d'hommes de campagne chargés des transports militaires qui couraient avec leurs chevaux, abandonnant leurs voitures. Je mis pied à terre, je courus en avant; tous ceux que j'interrogeai me répondirent : *tout est perdu*, et mille contes à la suite. J'aperçus deux individus ayant l'air d'employés de l'armée, qui, à peu de distance l'un de l'autre, criaient en s'égosillant *sauve qui peut!* Je les interrogeai, ils me conseillèrent de ne pas retourner à l'armée... En leur disant qu'ils étaient des fous, je les engageai, s'ils voulaient se sauver, à ne pas du moins, par leurs cris, décourager les autres. En avançant toujours, je rencontrai un commissaire de guerre du premier corps, qui s'occupait à rétablir l'ordre parmi les fuyards; je lui demandai d'où venait cette terreur panique, il me dit qu'il était sûr que c'était un coup monté par la malveillance, que la bataille était gagnée, et que tout allait pour le mieux; il venait de quitter l'armée pour faire avancer les transports. Je retournai alors sur mes pas pour rejoindre ma voiture, et je rencontrai les deux mêmes individus dont je viens de parler revenant sur leurs pas, s'égosillant toujours à crier *sauve qui peut!* On ne put pas douter dès lors que ces individus ne fussent deux coquins de la police de Gand ; je les fis arrêter. Les soldats voulaient les fusiller, ce que j'empêchai ; je n'ai pas cru que ces misérables étaient dignes de mourir par les mains des braves. On leur fit appliquer quelques coups de plat de sabre, en nombre suffisant pour leur faire passer l'envie du noble rôle dont ils étaient chargés.

Enfin, je rejoignis ma voiture et je la trouvai abandonnée ; la terreur avait gagné mon postillon, et il avait profité de mon absence pour se sauver avec ses chevaux. Obligé, malgré moi, de rester, et cherchant le moyen de me procurer des chevaux, je rencontrai un général qui faisait son possible pour rétablir l'ordre ; je m'empressai de l'aider. Nous trouvâmes bientôt un détachement de sapeurs qui rejoignait l'armée et qui s'était proposé de bivaquer dans les bois, il nous fut d'une grande utilité, car nous craignions qu'on ne vînt la nuit piller les voitures abandonnées.

Lorsque nous fûmes un peu rassurés, ayant pris toutes nos précautions, nous fîmes une visite au duc de Bassano, ce qui était pour nous une bonne fortune ; outre le plaisir de le voir, il nous donna un bon morceau de pâté aux truffes et trois bouteilles de chambertin; en revanche nous lui laissâmes une garde pour sa sûreté, et nous passâmes gaiement la nuit à patrouiller ; le calme ne fut rétabli qu'après minuit. Aussitôt que je pus avoir des chevaux pour me rendre à Charleroi, je rejoignis le quartier impérial dans la matinée du 17.

Je pourrais continuer ma déposition ; je pourrais raconter quelles furent les suites de la fatale bataille de Waterloo ; dire comment l'Empereur quitta Laon pour se rendre à Paris; comment tous ses projets, pour sauver le pays d'une nouvelle invasion, furent renversés par une poignée de mauvais Français ; je pourrais enfin montrer que la France n'avait pas définitivement succombé à Waterloo; énumérer toutes les ressources dont elle pouvait encore disposer pour réparer ses désastres. Mais pourquoi réveiller de si tristes souvenirs, raviver toutes nos douleurs ? Quelques traîtres, quelques trembleurs de moins en 1815, et la France n'aurait pas subi l'humiliation d'une seconde restauration. Que la responsabilité de nos malheurs pèse donc éternellement sur la mémoire des hommes qui en furent la cause première : à ce sujet, M. Achille de Vaulabelle mérite les remercîments de tous les bons Français, car il a eu le courage de nommer sans détour ces hommes, auteurs de tous nos maux. Ils triomphèrent un moment, ces hommes ; mais leur joie fut de courte durée. A peine Louis XVIII fut-il installé de nouveau aux Tuileries, que les traîtres au pays purent voir poindre déjà le premier germe de l'opposition, qui, quinze années plus tard, devait briser pour jamais le trône des Bourbons aînés.

Maintenant, s'il m'est permis de juger les événements de 1815 au point de vue de la politique, je dirai que, pour le progrès de l'humanité, le désastre de Waterloo ne fut pas perdu. La France fut arrêtée dans son essor, cela est vrai ; mais ce temps d'arrêt permit aux autres peuples de compléter leur éducation politique. Dupes, en 1814 et en 1815, des déclarations des gouvernements ennemis de Napoléon, c'est-à-dire de la France, ils purent s'éclairer, durant les grandes luttes de 1815 à 1830, sur leurs véritables intérêts ; et lorsque les pavés de juillet eurent brisé le trône élevé à Paris par l'étranger, ces peuples, dis-je, mieux certains de leurs droits, firent hésiter les souverains à attaquer la France de nouveau. A ce point de vue, on peut dire encore que le système politique qui prévaut en France depuis dix-huit ans n'a pas été sans quelque utilité pour le bien du progrès. Durant cet espace de temps, les peuples ont encore progressé ; ils se sont rapprochés de la France. Désormais la nation française, retenue depuis trente-trois ans dans son essor progressif, ne sera plus seule sur le chemin de l'avenir : une multitude de nations l'escortent, la protégent contre les tendances contre-révolutionnaires. Ces nations somment leurs souverains de tenir les promesses faites en 1813, 1814 et 1815 ; et si ces souverains résistent, *ils les menacent de les faire déclarer en faillite.* Déjà l'Italie est presque libre, l'Espagne et le Portugal sont impatients du joug honteux sous lequel ils gémissent ; la Suisse se régénère ; la Grèce a des aspirations dignes de son passé ; et presque tous les peuples de l'Allemagne montrent aussi que pour eux la lumière s'est faite !...

D'un grand désastre, le bien de l'humanité en est résulté. Waterloo a été pour la France un calvaire où elle s'est immolée pour le salut des peuples ; mais, de ce calvaire, elle se relève déjà : elle s'agite ; car elle sent enfin sa force ; elle comprend la mission qui lui est dévolue ; elle comprend cette mission, et elle saura remplir son devoir : la couche épaisse de corruption sous laquelle on a voulu comme l'ensevelir ne sera que la pierre brisée du sépulcre d'où elle sortira victorieuse du génie de la contre-révolution. Alors s'accomplira ce mot du grand Frédéric : « *Si j'étais*

« *roi de France, il ne se tirerait pas un coup de canon en Europe* « *sans ma permission.* » C'est-à-dire qu'alors les peuples, libres enfin de se mouvoir dans le sens des idées régénératrices de la France, n'obéiront qu'à l'impulsion de ces idées, à l'impulsion de la France. Pour que ces choses s'accomplissent, il faut seulement dans notre patrie un gouvernement national : alors la France sera vraiment la boussole morale de l'humanité.

P. S. Cet écrit devait paraître vers le 25 février dernier, mais les événements qui viennent de se passer ont retardé sa publication ; malgré le nouvel état des choses, je ne change rien ; je publie ce petit ouvrage tel que je l'ai composé ; très-heureux que le système républicain que la France proclame ait devancé mes prévisions et mes vœux les plus ardents.

Vive la République !

Ce 4 mars 1848.

NOTES.

NOTES.

Note 1.

Courrier des Pays-Bas, n. 343, 9 *décembre* 1829. — *Journal de la Belgique*, 29 *décembre* 1829.

Brûxelles, 4 décembre 1829.

MM. les rédacteurs du *Courrier des Pays-Bas.*

Quelque répugnance que j'éprouve à entretenir le public de moi, je crois qu'il est aujourd'hui de mon devoir de rompre le silence auquel je me suis condamné.

Le général Gérard vient de publier une petite brochure intitulée: *Quelques documents sur la bataille de Waterloo, propres à éclairer la question portée devant le public, par M. le marquis de Grouchy.*

Dans cette brochure, où je suis cité comme porteur de l'ordre si important dans les discussions sur la mémorable journée, le général s'occupe surtout à repousser quelques assertions du marquis de Grouchy, relativement au quatrième corps, et à prouver qu'il a toujours conseillé au maréchal de Grouchy de *marcher au canon* le jour de la bataille de Waterloo.

Je ne dirai rien quant aux assertions du maréchal, le rôle que j'ai rempli dans cette journée ne m'ayant pas mis à portée de connaître en détail tous les mouvements du quatrième corps; ces assertions ont du reste été, ce me semble, assez victorieusement repoussées par le général Gérard lui-même, pour qu'il soit besoin d'y revenir. Mais de tout le reste, je puis en parler avec connaissance de cause.

Le 18 juin au matin, en avant de la ferme de Caillou, Napoléon, me donnant l'ordre de me rendre auprès du maréchal de Grouchy, me dit, après m'avoir expliqué la direction dans laquelle se trouvait le corps que commandait celui-ci : *Partez, partez, il me tarde qu'il soit en communication directe, qu'il débouche sur la droite ; suivez ses pas, passez par Gembloux.*

Je rejoignis le marquis de Grouchy à Bielge, près de Wavres, sur les bords de la Dyle; il était seul avec le général Gérard dans une maison située en face de l'église, et où l'on avait établi l'ambulance. Lorsque je lui eus communiqué les intentions de l'Empereur, le général Gérard parut vivement agité et dit au maréchal de Grouchy : *Je te l'ai toujours dit, si nous sommes f..... c'est ta faute.*

Le mouvement du corps s'opéra bientôt, le général Gérard fut blessé grièvement, et ce jour-là on ne put passer la Dyle. On sait le reste.

J'ai déjà consigné, dans un petit écrit que j'ai publié en 1820, tous les faits qui se sont passés à ma connaissance dans cette fatale journée, et je me bornerai aujourd'hui à faire une seule observation. Suivant moi, on n'a sérieusement jusqu'ici discuté que sur les points secondaires ; les principales questions à expliquer seraient celles-ci, je pense :

Pourquoi le maréchal Grouchy n'a-t-il pu remplir sa mission, qui était de ne pas perdre de vue le corps prussien à la poursuite duquel il était envoyé, afin d'empêcher la jonction dudit corps avec l'armée anglaise?

Pourquoi le marquis de Grouchy s'est-il laissé masquer et amuser par le petit corps prussien commandé par le général Thielman, surtout lorsqu'il avait l'assurance, dès la pointe du jour, de n'avoir devant lui que ce corps chargé de soutenir la retraite de l'armée prussienne, et qui, par son mouvement, a donné la facilité à Blücher, avec sa force principale, de rejoindre Wellington?

Qu'on explique ces incidents fâcheux, et alors, et seulement alors on pourra raisonner sur les causes de la perte de la bataille.

Il ne peut exister aucun doute sur les conseils donnés par le général Gérard au maréchal de Grouchy; il n'y a pas non plus le moindre doute que Napoléon n'aurait jamais livré bataille ce jour-là, s'il n'eût compté sur la coopération du corps droit confié au maréchal de Grouchy; s'il n'eût compté que ce corps empêcherait la jonction en question, ou que, dans tous les cas, le maréchal de Grouchy déboucherait sur la droite pour prendre une part active aux opérations générales du centre de l'armée. Qu'on explique encore par quelle fatalité Blücher est venu décider l'affaire en débouchant par la route même par laquelle on attendait le corps de Grouchy. Quelle surprise n'a pas dû éprouver l'armée française en voyant arriver, au lieu du corps de Grouchy, celui de Blücher! Loin de moi l'idée d'accuser en aucune manière le maréchal de Grouchy, l'un de nos plus braves, de nos plus estimables généraux. Je n'ai voulu que citer des faits et exprimer mon opinion.

Qu'il me soit permis à présent de profiter de cette occasion pour dire quelques mots sur ce qui me regarde personnellement.

Le général Guillaume de Vaudoncourt, auteur de l'*Histoire des campagnes de* 1814 et 1815, a cherché, dans sa relation sur l'affaire de Waterloo, à jeter quelques soupçons sur ma conduite. J'ai répondu dans le temps comme je le devais à ces perfides insinuations (voir le *Courrier des Pays-Bas* des 4 et 11 septembre 1827); néanmoins j'ai toujours à cœur d'exiger en temps et lieu une réparation plus satisfaisante de ce général, qui ne sait faire la guerre qu'au coin de son feu.

Depuis quelque temps les journaux allemands me font partir pour la Grèce, comme descendant des anciens souverains d'Orient. La publicité que je donne à la note ci-dessus les fixera, je l'espère, à cet égard, et leur prouvera que je n'ai point encore quitté l'asile que le gouvernement de S. M. des Pays-Bas m'accorde.

Agréez, etc.

G. Zenowicz,

Ancien adjudant-commandant de l'état-major général.

Note 2.

Pièces extraites du registre d'ordres du major général.

Avesnes, le 14 juin 1815.

Soldats! c'est aujourd'hui l'anniversaire de Marengo et de Friedland, qui décida deux fois du destin de l'Europe. Alors, comme après Austerlitz, comme après Wagram, nous fûmes trop généreux! Nous crûmes aux protestations et aux serments des princes que nous laissâmes sur le trône! Aujourd'hui, cependant, coalisés entre eux, ils en veulent à l'indépendance et aux droits les plus sacrés de la France. Ils ont commencé la plus injuste des agressions. Marchons donc à leur rencontre! Eux et nous, ne sommes-nous plus les mêmes hommes?

Soldats! à Iéna, contre ces mêmes Prussiens aujourd'hui si arrogants, vous étiez un contre trois; à Montmirail, un contre six.

Que ceux d'entre vous qui ont été prisonniers des Anglais vous fassent le récit de leurs pontons et des maux affreux qu'ils ont soufferts!

Les Saxons, les Belges, les Hanovriens, les soldats de la confédération du Rhin gémissent d'être obligés de prêter leurs bras à la cause des princes ennemis de la justice et des droits de tous les peuples; ils savent que cette coalition est insatiable! Après avoir dévoré douze millions de Polonais, douze millions d'Italiens, un million de Saxons, six millions de Belges, elle devra dévorer les États de deuxième ordre de l'Allemagne.

Les insensés! un moment de prospérité les aveugle, l'oppression et l'humiliation du peuple français sont hors de leur pouvoir. S'ils entrent en France, ils y trouveront leur tombeau.

Soldats! nous avons des marches forcées à faire, des batailles à livrer, des périls à courir; mais avec de la constance la victoire sera à nous; les droits, l'honneur et le bonheur de la patrie seront reconquis!

Pour tout Français qui a du cœur, le moment est arrivé de vaincre ou de périr!

NAPOLÉON.

Note 3.

Ordre du major général adressé au maréchal de Grouchy, le 16 juin dans la matinée, extrait du registre d'ordres du major général.

Monsieur le maréchal, l'Empereur ordonne que vous vous mettiez en marche avec les 1er, 2e et 4e corps de cavalerie, et que vous les dirigiez sur Sombref *où vous prendrez position*. Je donne pareil ordre à M. le lieutenant général Vandamme pour le 3e corps d'infanterie, et à M. le lieutenant général Gérard pour le 4e, et je préviens ces deux généraux qu'ils sont sous vos ordres, qu'ils doivent vous envoyer des officiers pour vous instruire de leur marche et prendre des instructions. Je préviens aussi M. le général Gérard pour qu'il marche, bien réuni, à portée du 3e corps, et soit en mesure de concourir à l'*attaque de Sombref* si l'ennemi *fait résistance*.

J'ai l'honneur de vous prévenir que M. le prince de la Moskowa reçoit ordre de se porter, avec le 1er et le 2e corps, à l'intersection des chemins dits les Quatre-Bras, sur la route de Bruxelles, et qu'il détachera un fort corps à Marbais pour se lier avec vous sur Sombref et seconder au besoin vos opérations.

Note 4.

Ordre du major général au prince de la Moskowa, le 16 juin dans la matinée, extrait du registre d'ordres du major général.

Veuillez m'instruire si le 1er corps (Drouet d'Erlon) a opéré son mouvement, et quelle est, ce matin, la position exacte des 1er et 2e corps et des deux divisions de cavalerie qui y sont attachées, en me faisant connaître ce qu'il y a d'ennemis devant vous et ce qu'on a appris.

Note 5.

Ordre adressé au prince de la Moskowa par le major général le 16 juin dans la matinée, extrait du registre d'ordres du major général.

Monsieur le maréchal, l'Empereur ordonne que vous mettiez en marche les 1er et 2e corps d'armée, ainsi que le 3e corps de cavalerie (cuirassiers Kellermann), qui a été mis à votre disposition, pour les diriger sur l'intersection des chemins dits les *Quatre-Bras*, route de Bruxelles, où vous leur ferez prendre position, et vous porterez en même temps des reconnaissances aussi avant que possible sur la route de Bruxelles et sur Nivelles, où l'ennemi s'est probablement retiré.

S. M. désire que, s'il n'y a pas d'inconvénient, vous établissiez une division avec de la cavalerie à Génape, et elle ordonne que vous portiez une autre division du côté de Marbais pour couvrir l'espace entre Sombref et les *Quatre-Bras*... Le corps qui sera à Marbais aura aussi pour objet d'appuyer les mouvements du maréchal Grouchy sur Sombref et de vous soutenir à la position des *Quatre-Bras*, si cela devenait nécessaire. Vous recommanderez au général qui sera à Marbais de bien s'éclairer sur toutes les directions, particulièrement sur celles de *Gembloux* et de *Wavres*.

J'ai l'honneur de vous prévenir que l'Empereur va se porter sur Sombref, où, d'après les ordres de S. M., M. le maréchal Grouchy doit se diriger avec les 3e et 4e corps d'infanterie et les 1er 2e et 4e corps de cavalerie. M. le maréchal Grouchy fera occuper *Gembloux*.

Je vous prie de me mettre de suite à même de rendre compte à l'Empereur de vos dispositions pour exécuter l'ordre que je vous envoie, ainsi que de tout ce que vous aurez appris sur l'ennemi.

Note 6.

Ordre de l'Empereur adressé au prince de la Moskowa, porté par le général Flahaut, extrait du registre d'ordres du major général.

Charleroi, le 16 juin 1815.

Mon cousin, je vous envoie mon aide de camp, le général Flahaut, qui vous porte la présente lettre. Le major général a dû vous donner des ordres, mais vous recevrez les miens plus tôt, parce que mes officiers vont plus vite que les siens. Vous recevrez l'ordre de mouvement du jour, mais je veux vous *en écrire en détail*, parce que c'est *de la haute importance*.

Je porte le maréchal Grouchy avec les 3e et 4e corps d'infanterie sur Sombref; je porte ma garde sur Fleurus, et j'y serai de ma personne avant midi. J'y attaquerai l'ennemi, si je le rencontre, et j'éclairerai la route jusqu'à Gembloux. Là, d'après ce qui se passera, je prendrai mon parti, peut-être à trois heures après midi, peut-être ce soir. Mon intention est que, immédiatement après que j'aurai pris mon parti, vous soyez prêt à marcher sur Bruxelles. Je vous appuierai avec la garde qui sera à Fleurus ou à Sombref, et je désirerais arriver à Bruxelles demain matin. Vous vous mettriez en marche ce soir même, si je prends mon parti d'assez bonne heure pour que vous puissiez en être informé de jour, faire ce soir trois ou quatre lieues, et être demain à sept heures du matin à Bruxelles.

Vous pouvez donc disposer vos troupes de la manière suivante : Une division à deux lieues en avant des Quatre-Bras, s'il n'y a pas d'inconvénient, six divisions d'infanterie autour des Quatre-Bras, et une division à Marbais, afin que je puisse l'attirer à moi à Sombref, si j'en avais besoin ; elle ne retarderait pas d'ailleurs votre marche ; le corps du comte de Valmy, qui a 3,000 cuirassiers d'élite à l'intersection de la chaussée romaine et du chemin de Bruxelles, afin que je puisse l'attirer à moi, si j'en ai besoin; aussitôt que mon parti sera pris, vous lui enverrez l'ordre de venir vous rejoindre.

Je désirerais avoir avec moi la division de la garde que commande le général Lefebvre-Desnouettes, et je vous envoie les deux divisions du corps du comte de Valmy pour la remplacer. Mais dans mon projet actuel, je préfère placer le comte de Valmy de manière à le rappeler si j'en avais besoin, et ne point faire faire de fausses marches au général Lefebvre-Desnouettes, puisqu'il est probable que je me déciderai ce soir à marcher sur Bruxelles avec la garde. Cependant couvrez la division Lefebvre par les deux divisions de cavalerie de d'Erlon et Reille, afin de ménager la garde, car s'il y avait quelque échauffourée avec les Anglais, il est préférable que ce soit avec la ligne plutôt qu'avec la garde.

J'ai adopté pour principe général, pendant cette campagne, de diviser mon armée en deux ailes et une réserve.

Votre aile sera composée de quatre divisions du 1er corps, des quatre divisions du 2e corps, de deux divisions de cavalerie légère et de deux divisions du corps de Valmy. Cela ne doit pas être loin de 45 à 50,000 hommes. Le maréchal Grouchy aura à peu près la même force et commandera l'aile droite. La garde formera la réserve, et je me porterai sur l'une ou sur l'autre aile suivant les circonstances.

Le major général donne les ordres les plus précis pour qu'il n'y ait aucune difficulté sur l'obéissance à vos ordres lorsque vous serez détaché, les commandants de corps devant prendre mes ordres directement quand je me trouve présent. Selon les circonstances, j'affaiblirai l'une ou l'autre aile en augmentant ma réserve.

Vous sentez assez l'importance attachée à *la prise de Bruxelles*. Cela pourra d'ailleurs donner lieu à des incidents, car un mouvement aussi prompt et aussi brusque isolera l'armée anglaise de Mons, d'Ostende, etc.

Je désire que vos dispositions soient bien faites pour qu'au premier ordre vos huit divisions puissent marcher rapidement et sans obstacles sur Bruxelles.

NAPOLÉON.

Note 7.

Le major général au prince de la Moskowa, le 16 dans la matinée, extrait du registre d'ordres du major général.

Monsieur le maréchal, un officier de lanciers vient de dire à l'Empereur que l'ennemi présentait des masses du côté des Quatre-Bras. Réunissez les corps des comtes Reille et d'Erlon à celui du comte de Valmy (Kellermann), qui se met en route pour vous rejoindre. Avec ces forces, vous devez *battre* et *détruire* tous les corps ennemis qui peuvent se présenter. *Blücher était hier à Namur*, et il *n'est pas vraisemblable qu'il ait porté des troupes vers les Quatre-Bras*; ainsi vous n'avez affaire qu'à ce qui vient de Bruxelles.

Le maréchal Grouchy va faire le mouvement sur Sombref que je vous ai annoncé. L'*Empereur va se rendre à Fleurus*; c'est là où vous adresserez vos nouveaux rapports à Sa Majesté.

Note 8.

Le major général au prince de la Moskova. Extrait du registre d'ordres du major général.

En avant de Fleurus, le 16 juin 1815.

Monsieur le maréchal, l'Empereur me charge de vous prévenir que l'ennemi a réuni un corps de troupes entre Sombref et Bry, et qu'à deux heures et demie M. le maréchal Grouchy, avec les 3e et 4e corps, l'attaquera. L'intention de S. M. est que vous attaquiez aussi ce qui est devant vous, et qu'après l'avoir vigoureusement poussé, *vous rabattiez sur nous* pour concourir à envelopper le corps dont je viens de vous parler. Si ce corps était enfoncé auparavant, alors S. M. ferait manœuvrer dans votre direction pour hâter également vos opérations.

Instruisez de suite l'Empereur de vos dispositions et de ce qui se passe sur votre front.

Note 9.

Le major général au prince de la Moskowa.

En avant de Fleurus, le 16 juin, à trois heures un quart.

Monsieur le maréchal, je vous ai écrit il y a une heure que l'Empereur ferait attaquer l'ennemi à deux heures et demie dans la position qu'il a prise entre Bry et Sombref. En ce moment, l'engagement est très-prononcé. S. M. me charge de vous dire que vous devez manœuvrer *sur-le-champ* de manière à *envelopper la droite* de l'ennemi et à *tomber à bras raccourcis* sur ses derrières. Cette armée est perdue si vous agissez vigoureusement ; le sort de la France est dans vos mains. Ainsi, *n'hésitez pas un instant* à faire le mouvement que l'Empereur vous ordonne, et dirigez-vous sur les hauteurs de Bry et de Saint-Amand, pour concourir à une victoire peut-être décisive.

Note 10.

Rapport du maréchal Grouchy à l'Empereur.

Gembloux, 17 juin, à dix heures du soir.

Sire,

J'ai l'honneur de vous rendre compte que j'occupe Gembloux, et que ma cavalerie est à Sauvenières. L'ennemi, fort d'environ 30,000 hommes, continue son mouvement de retraite; on lui a saisi ici un parc de 400 bêtes à cornes, des magasins et des bagages.

Il paraît, d'après tous les rapports, qu'arrivés à Sauvinières, les Prussiens se sont divisés en deux colonnes ; l'une a dû prendre la route de Wavres, en passant par Sart-à-Walhain; l'autre colonne paraît s'être dirigée sur Perwès.

On peut peut-être *en inférer qu'une portion va rejoindre Wellington*, et que le centre, qui est l'armée de Blücher, se retire sur Liége. Une autre colonne, avec de l'artillerie, ayant fait son mouvement de retraite sur Namur, le général Excelmans a ordre de pousser ce soir six escadrons sur Sart-à-Walhain et trois escadrons sur Perwès. D'après leur rapport, si la masse *des Prussiens se retire sur Wavres, je la suivrai dans cette direction*, afin qu'ils ne puissent gagner Bruxelles et de *les séparer de Wellington*.

Si, au contraire, mes renseignements prouvent que la principale force prussienne a marché par Perwès je me dirigerai par cette ville à la poursuite de l'ennemi.

Les généraux Thielmann et Borstell faisaient partie de l'armée que Votre Majesté a battue hier ; ils étaient encore ce matin à dix heures ici, et on annonçait que 20,000 des leurs avaient été mis hors de combat. Ils ont demandé, en partant, les distances de Wavres, Parwès et Stannut. Blücher a été blessé au bras, ce qui ne l'a pas empêché de commander après s'être fait panser. Il n'a point passé par Gembloux.

Je suis avec respect, de Votre Majesté,

Sire,

Le fidèle sujet,

Le maréchal, comte DE GROUCHY.

Note 11.

Ordre du major général au comte de Grouchy, porté par l'adjudant commandant Zenowicz, extrait du registre d'ordres du major général.

En avant de la Ferme-Caillou, le 18 juin, à dix heures du matin.

Monsieur le maréchal, l'Empereur a reçu votre dernier rapport daté de Gembloux ; vous ne parlez à Sa Majesté que des deux colonnes prussiennes qui ont passé à *Sauvenières* et *Sarravalain ;* cependant des rapports disent qu'une troisième colonne, qui était assez forte, a passé Genz et Gentènes se dirigeant sur Wavres.

L'Empereur me charge de vous prévenir qu'en ce moment Sa Majesté va faire attaquer l'armée anglaise, qui a pris position à Waterloo, près de la forêt de Soignes; ainsi Sa Majesté désire *que vous dirigiez vos mouvements sur Wavres, afin de vous rapprocher de nous*, de vous mettre *en rapport d'opérations et lier les communications*, poussant devant vous les corps de l'armée prussienne qui ont pris cette direction, et qui auraient pu s'arrêter à Wavres, où vous devez arriver le plus tôt possible. Vous ferez suivre les colonnes ennemies, qui ont pris sur votre droite, par quelques corps légers, afin d'observer leurs mouvements et ramasser leurs traînards. Instruisez-moi immédiatement de vos dispositions et de votre marche, ainsi que des nouvelles que vous avez sur les ennemis, et *ne négligez pas de lier vos communications avec nous.* L'Empereur désire avoir très-souvent de vos nouvelles.

Note 12.

Ordre du major général au comte de Grouchy, extrait du registre d'ordres du major général.

Du champ de bataille de Waterloo, le 18 juin,
à une heure de l'après-midi.

Monsieur le maréchal,

Vous avez écrit ce matin, à deux heures, à l'Empereur que vous marcheriez sur Sarravalain, donc votre projet était de vous porter à Corbaix ou à Wavres; le mouvement est conforme aux dispositions de Sa Majesté qui vous ont été communiquées.

Cependant l'Empereur m'ordonne de vous dire que vous devez toujours *manœuvrer dans notre direction*. C'est à vous à voir le point où nous sommes pour vous régler en conséquence et pour *lier nos communications*, ainsi que pour être toujours en mesure pour *tomber sur quelques troupes ennemies qui chercheraient à inquiéter notre droite*, et les écraser. En ce moment la bataille est gagnée sur la ligne de Waterloo. Le centre de l'ennemi est à Mont-Saint-Jean, ainsi manœuvrez pour joindre notre droite.

P. S. Une lettre, qui vient d'être interceptée, porte que le général Bulow doit attaquer notre flanc; nous croyons apercevoir ce corps sur les hauteurs de Saint-Lambert; ainsi ne perdez pas un instant pour vous rapprocher de nous et nous joindre et pour écraser Bulow, que vous prendrez en flagrant délit, etc.

Note 13.

Rapport du comte de Grouchy à l'Empereur.

Dinant, le 20 juin 1815.

Sire,

Ce n'est qu'après sept heures du soir, le 18 juin (1), que j'ai reçu la lettre du duc de Dalmatie, qui me prescrivait de marcher sur *Saint-Lambert* et d'attaquer le général Bulow. J'avais rencontré l'ennemi en me portant sur Wavres, à la hauteur de la Baraque; sur-le-champ, il avait été abordé, poussé jusque dans Wavres, et le corps de Vandamme attaquait cette ville et était fortement engagé. La position de Wavres, sur la droite de la Dyle, était emportée, mais on éprouvait de grandes difficultés à déboucher de l'autre côté. Le général essayait d'enlever le moulin de Bielge et d'y

(1) Le comte de Grouchy, dans ses observations sur la relation de la campagne de 1819, publiée par le général Gourgaud, page 17, dit qu'un officier envoyé par Napoléon lui a remis, vers sept heures, le dépêche du major général, et dans son rapport à l'Empereur, de Dinant, dit après sept heures du soir. Je ne me permets pas de qualifier cette erreur palpable, j'observerai seulement, étant bien sûr de ce que j'avance. L'ordre dont je fus porteur a mis en mouvement le corps de Grouchy; il fallait d'abord du temps pour faire la disposition de l'attaque. Le général Gérard, devant le moulin Bielge, a été en ma présence blessé vers les six heures. — Voilà des faits qui prouvent que je devais joindre le comte de Grouchy bien avant sept heures, comme il le dit dans ses observations, et différemment dans son rapport de Dinant.

passer la rivière; il ne pouvait y réussir. Il avait été blessé d'une balle dans la poitrine, blessure qui heureusement n'est pas mortelle. Dans cet état de choses, impatient de pouvoir déboucher sur le *Mont-Saint-Lambert* et coopérer aux succès des armées de Votre Majesté dans cette journée importante, je dirigeai sur *Limale* la cavalerie de Pajol, la division Teste et deux des divisions du général Gérard, afin de forcer le passage de la Dyle et de marcher contre le général Bulow. Le corps du général Vandamme entretint l'attaque de Wavres et du moulin de Bielge, d'où l'ennemi faisait mine de vouloir déboucher, ce que je jugeai qu'il ne pourrait effectuer, la position et le courage de nos troupes répondant qu'il n'y parviendrait pas. Mon mouvement sur Limale prit du temps, à raison de la distance, cependant j'arrivai, j'effectuai le passage, et les hauteurs furent enlevées par la division Vichery et la cavalerie. La nuit ne permit pas d'aller loin, et je n'entendais plus le canon du côté où Votre Majesté se battait.

Dans cette position, j'attendis le jour. Wavres et Bielge étaient occupés par les Prussiens. Le 19, à trois heures du matin, ils attaquèrent à leur tour, voulant profiter de la mauvaise position où j'étais, et prétendant me rejeter dans le défilé, enlever l'artillerie qui avait débouché, et me faire repasser la Dyle. Leurs efforts furent inutiles, l'intrépidité des troupes me mit à même de repousser toutes les attaques, de culbuter les Prussiens, et de faire enlever par la division Teste le village de Bielge. Le brave général Penne y fut tué.

Le général Vandamme, faisant alors passer par Bielge une de ses divisions, enleva sans peine les hauteurs de Wavres, et sur toute ma ligne le succès fut complet. J'étais en avant de Rozierne, me disposant à marcher sur Bruxelles, lorsque j'ai reçu la douloureuse nouvelle de la perte de la bataille de Waterloo. L'officier qui me l'apporta me dit que Votre Majesté se retirait sur la Sambre, sans pouvoir préciser sur quel point entrait dans ses vues que je me dirigeasse. Engagé sur toute ma ligne, je cessai de poursuivre et préparai mon mouvement rétrograde. L'ennemi, en retraite, ne songea pas à me poursuivre. Je marchai jusqu'à Temploux et Gembloux, ayant ma cavalerie légère à Marc-Saint-Denis et mes dragons sur Namur. Apprenant que l'ennemi avait déjà passé la Sambre et se trouvait sur mon flanc, n'étant pas assez fort pour opérer une diversion utile pour l'armée de Votre Majesté sans compromettre celle que je commandais, je marchai sur Namur; le quatrième corps par la route de Namur à Charleroi, et le troisième par celle directe qui y conduit de Temploux. Dans ce moment les queues des deux colonnes furent attaquées; celle de droite ayant fait son mouvement rétrograde plus tôt qu'on ne s'y attendait, compromit un instant la retraite de celle de gauche. De bonnes dispositions réparèrent tout; deux pièces qui avaient été prises furent reprises par le brave 20ᵉ de dragons, sous les ordres du colonel Briqueville, qui enleva en outre un obusier à l'ennemi. Les faibles carrés du régiment, chargés par une cavalerie nombreuse, l'attendirent à bout portant, lui firent essuyer une perte énorme, et prouvèrent ce que peuvent de bonnes dispositions jointes à une attitude calme et un feu bien dirigé. La cavalerie ennemie, chargée à son tour par le 1er de hussards, aux ordres du maréchal de camp Clari, laissa en nos mains nombre de prisonniers. Tout rentra donc sans perte dans Namur. Le long défilé qui règne depuis cette place jusqu'à Dinant, défilé où l'on ne peut marcher que sur une seule colonne, et les embarras résultant de nombreux transports de blessés que je conduisais avec moi, rendaient nécessaire de tenir longtemps la ville, où je ne trouvai pas les moyens de faire sauter le pont. Je chargeai de la défense de Namur le général Vandamme, qui, avec son intrépidité ordinaire, s'y maintint jusqu'à huit heures du soir; de sorte que rien ne resta en arrière et que j'occupe Dinant.

L'ennemi a perdu des milliers d'hommes à l'attaque de Namur; on s'est battu avec un acharnement rare, et les troupes ont fait leur devoir d'une manière digne d'éloge.

Je suis avec respect, Sire,

De Votre Majesté,

Le très-fidèle sujet,

Le comte DE GROUCHY.

FIN.

www.ingramcontent.com/pod-product-compliance
Ingram Content Group UK Ltd.
Pitfield, Milton Keynes, MK11 3LW, UK
UKHW020345250726
13967UKWH00005B/2117